子ども期と老年期

自伝的老人発達論

平井信義

太郎次郎社

◉子ども期と老年期——自伝的老人発達論——平井信義＝著

まえがき

四十五年にわたって子ども研究（児童学）に熱中している間に、私自身、「還暦」をすぎ、あと半年で「古稀」を迎えようとしている。この十年間、私の頭から離れなかったし、ますます興味を引きおこした研究題目は、からだの「老化」のなかで、こころの発達がどのように行なわれるかということであった。年寄りしか持ち合わせていない、よいものはなにか。それがつぎの世代の若い人たちに与えるものであり、しかも老人の生きがいに通ずるものであってほしい――ということを考えつづけてきた。

自分としては、なによりも「意欲」が重要であり、他人に迷惑をかけないという意味で「思いやり」のある生活をおくるように努力してきたが、それが私の子ども時代の生活とどのようなかかわりをもっているかについて追求してみたいと考えた。

それはたまたま、NHKラジオで鎌田東二氏の「翁童論」についての話を聞く機会をえ、その後、氏の論説を読み、「おじいちゃん」のこころのなかに「童心」がある――ということが、私の興味を誘ったからである。鎌田氏の論説は哲学的・弁証法的といってもよく、私には難解の部分が多かったが、私は長年にわたって子どもの研究をしてきたことから、それを実証してみたいという気持ちに駆られたのである。

しかし、実証法的な研究をするには綿密な計画が必要であり、年月がかかる。私は研究計画についてあれこれと考えたが、なかなかむずかしい。しかも、この年齢になると、いつ「死」に直面するかわからない。さいわい、四十年間、これといった病気もせずにすごすことができたが、そうはいっても、これからの生活に健康が約束されているとはかぎらない。そこで、これからの研究者にヒントを与えることを考えて、自分史を中心に子ども期と老年期との関係について書き残しておきたいという気持ちに駆られた。

私の子ども研究の結論は、乳幼児期に「意欲」と「思いやり」を育てておけば、りっぱな青年になる——ということである。「意欲」、すなわち生きいきと生きる力は、自発性の発達にともなってさかんとなる。自発性とは、自己課題の発見と選択、そして、自己実現となって表現される。

それが子どもに表現される場合は、主として、いたずら（探索欲求にもとづく行動）、反抗（主として第一反抗期・中間反抗期・第二反抗期）、けんか（自己主張の衝突）、そして、おどけ・ふざけ（ユーモアのセンスの起源）などであるが、これらは年寄りにも求められる要素といえる。老人になってもいたずらをして楽しんだり、ユーモアのある言動によって周囲のものを楽しませたり、おなじ仲間と議論をしたり、世の中の矛盾に対して反抗したりすることができれば、おじいちゃんのなかに童心がある——ということになる。その点で、さいわいにも、私のなかにはどれもが存在しており、研究室の若い人たちから、「先生は老年反抗期ですね」といわれている昨今であり、ジョークによって周囲のものとともに笑いの多い、楽しい生活をおくっている。

そうした生活体験のなかから、しあわせな人生とは、童心を失わずに持ちつづけることではないかと思うようになった。その点について、大学の紀要に「老年期発達論」という論文を書いたが、それが太郎次郎社の浅川満氏の目にとまり、『ひと』（太郎次郎社）という雑誌に連載することになり、九回ほど書きつづけた。それらの原稿に加筆・修正を加え、さらにしめくくりを三章ほどかきたして、ここに本書が出版されるようになったのは、私としてはこのうえもなくうれしい。さらに生きいきと生活している老人の事例を集めて研究してみたいという思いに駆られるようになった。本書をまとめながら、新たに研究意欲がかきたてられたといってもよく、感謝にたえない。生命《いのち》のあるかぎり、がんばりたいと思っている。

一九八八年六月　　平井信義

目次

第1章――〝老い〟とはなにか

老人の心に〝童心〟がある――〝老いる〟ということ

老年とか老人とかいうことばの響きのなかには、身体面にせよ、精神面にせよ、〝退化〟というニュアンスがふくまれている。身体面では体力は減退し、細胞には明らかに衰えの現象が現われていて、〝老衰〟ということばでそれが表現される。そのほか身体器官には病名のつく疾患も増加してくる。精神面においても記憶力の減退は多少なりとも進行し、ついには〝ぼけ〟と呼ばれる状態となり、マスコミではしばしば〝ぼけ老人〟ということばでそれを表現している。

しかし、一方では、老齢になっても矍鑠《かくしやく》としていて、社会的な能力を発揮していたり、創造的な能力は衰えずに創作活動や研究活動に従事していたり、自己の趣味に生きていたりするものもいる。

なにが原因で、〝退化〟していく老人と活動している老人とにわかれるかについては後述するが、老齢人口の増加が進行するなかで、老年や老人の積極的な面に目を向けて〝発達論〟を展開してみようというのが、この本の趣旨である。それは、「翁童論」に刺激されたからである。

「翁童論」には二つの主張があり、一つは翁《おきな》（老人）の心に童心があるという意味であり、もう一つは童《わらべ》（子ども）のなかに翁の心があるという意味であるが、私は前者に魅力を感じたのである。（この「翁童論」についてはのちに詳述する。）

〝老いる〟ということは、身体面でいえば、これといった疾病がなくても、細胞の機能の低下が身体の各器官に現われ、目は老眼といわれる状態になるし、頭髪は白くなったり、〝はげ〟といわれる状態が進行したり、重いものを持つことができなくなったり、はやく走ることができなくなったり、また、むりにそれらの行動をすると、疲労からの回復がおくれたりする。私自身、四十歳をすぎると、老眼鏡を用いる必要性が生じたし、白髪は日増しに増加し、現在はほとんど白くなっている。

体力面では、六十歳になるまでは、小学生を対象とした夏季合宿（通称「ひらめ合宿」と呼ばれる六泊七日の合宿）においても、子どもたちといっしょになって大暴れをしていたが、その後は、子どもたちを追いかけていて、自分で頭を柱にぶつけてこぶをつくったり、転倒して出血したりするようなケガをすることが増加してきた。ついには子どもたちと格闘していて膝関節炎《しつかんせつえん》を起こし、半年間は歩行に不自由を生じる状態になった。現在、その状態はほとんどなおったが、その後の活動はひじょうに慎重になってしまった。それは、周囲の人たちから年齢のことを考えるように戒《いまし》められたからでもあるが、激しい活動にたいして自信を失ったからである。

還暦を迎えるまでは、からだを鍛えるために積極的に運動をする意欲があったが、だんだんにその意欲が減退し、からだを保護する気持ちのほうが強くなった。とくに、老人の起こしやすい骨折などについては、階段に手すりをつけるとか、風呂場のタイルに吸盤のついたゴムのマットを敷くとか、ちょっとした凹凸のある個所などにも絨緞《じゅうたん》を敷くとかなど、ケガを予防するための配慮をするようになった。

さいわい、現在のところでは、これといったからだの故障はない。十七年まえにお茶の水女子大学で学部長をしていたときに糖尿病と診断され、服薬をしたが、大妻女子大学に移ってひじょうにのんきになると、糖尿がでなくなり、私の場合はマネージャー病であることがはっきりした。

母方の祖母が糖尿病で死亡し、母にも糖尿があったから、私にその素因があっても当然である。そこで、大食をひかえてできるだけからだを動かすように心がけた。子どものときから少食であったので、食事をひかえることにはまったく困難を感じないし、家庭内でもからだをまめに動かすことによって無精からまぬがれることになったし、部屋や庭の掃除などをこまめにするようにもなった。その点で、妻に協力する部分がふえたといえる。

一昨年（一九八六年）の春、比較的に精密な健康診断を受けたが、肺にも心臓にも腸にも異常がなかった。つまり、肺ガンの心配はなく、心筋梗塞《しんきんこうそく》によってとつぜん死ぬこともないはずである。これでは、後述するように、狭心症で死にたいと願っていたことは実現されないことになる。残念な気もするが、安心感のほうが強い。

また、両手首に湿疹ができて、老人性のものとあきらめて自己流に薬を塗っていたが、皮膚科医に薬をもらってつけたところ、一か月でだいたいはなおった。よい薬にめぐり会えたわけである。以前の膝関節炎のなごりがあり、ときどき歩行時に不安を感じることもあるが、歩くことを多くし、運動量をふやすことによって、その不安をほとんど感じないですむようになった。

また、一年まえに、目がしみるように痛み、それが十分ぐらいつづくことがあった。友人の眼科医に相談したところ、老人性・体質性のもので、涙が酸性になるために起きる症状だから、アルカリ性の点眼薬を用いればよいといわれ、それを実行したところ、その症状はまったく起きなくなった。医学を学んだために、自己流に診断したり、悪い病気の症状ではないかと不安になったりするときもあるが、気軽に相談のできる友人がいて、ありがたいことと思っている。

思いっきり遊びほうける——幼稚園・小学校時代

私は、幼児期には〝虚弱児〟と診断された。それは発熱をくり返したり、腸炎を何度もわずらったりしたからであり、さらにやせていたからでもある。そのために、小児科医から転地をすすめられた親たちは、海辺の七里が浜に転居して、そこで小学校を終えるまで暮らすことになった。

やせているということなどで〝虚弱児〟とはいえないことは、その後、医学を学ぶようになってはっきりした。それは遺伝的なものであり、家内もやせていることもあって、私たちの子どもたちもまた、みなやせている。

私はその後の人生において、一度も太ったことがない。四十歳代に腹部が大きくなったが、その後は元にもどった。そのころの体重は五八キロ前後であったが、だんだんに減少し、六十歳代は五五キロ前後である。そのためにからだが軽い感じがするし、衣類などもおなじものを着ることができて、経済的なからだということができる。つまり、子どものころにやせていることは、その後の人生に有利であるとさえいえる。

さて、七里が浜に転居したが、小学校三年生ごろまでは病気をくり返し、とくに三年生のときには、感染した百日咳で半年間も学校を休んでしまった。それは、咳がなかなかとれなかったからである。しかし、その後は病気をしなくなり、五年生と六年生のときには、一日も学校を休まなかったので、精勤賞をもらった。

海辺の生活で、私に二つの大きな恩恵が与えられた。一つには、海辺という自然のなかで思いきって遊ぶ経験をしたし、水泳にも自信がついたことがある。これは、一生の宝物といえる。もう一つは、怒りっぽい父と離れて住み、のんきもので、しかることのない母との生活のなかでじゅうぶんに〝自由〟を体験できたことである。

癇癪《かんしゃく》もちの父は、仕事の関係で、平日は東京の実家から会社にかよい、土曜日の夕方にわれわれといっしょになり、月曜日の朝には東京にもどっていったから、私にとって、緊張の連続は一日半だけだったといってもよい。母との生活はまったくのんきで、じゅうぶんに〝遊び〟をたのしむことができた。

そのような経験から、私は、父親のような男性にはぜったいになるまいという決意を固めていった。当時は父親が絶対の権力をもっていたから、言動によって反抗することはできなかったが、心に秘められていた反抗心は強かった。

なお、〝虚弱児〟と医者からいわれたことについて、医学を学ぶようになって考えてみると、それは教育パパであった父親に原因があることがわかった。それは、私が当時としては異例の三歳児保育を幼稚園で受けたことによる。当時、幼稚園に通園する子どもは、社会的に上位にある少数のエリート階級の子であった。しかし、小児期の流行性伝染病はたくさんあり、幼稚園はそうした伝染病の媒介所のようなものであったから、つぎつぎと伝染病をもらって病気をくり返していたことになる。しかし、そのためにつぎつぎといろいろな免疫体を獲得して、その結果、病気にかからなくなったと考えることもできる。禍《わざわい》のようであっても、それがしあわせにつながっていることがある。

登校拒否になる、胃神経症に悩む――中学校・高校時代

中学校は東京の学校になったので、それ以後は父といっしょの生活になった。からだのほうはカゼをひくぐらいで人なみになっていたが、漢学塾にかよわされたり、剣

道部にはいるようにすすめられたりして、それにしたがわなければならなかった。

二年生のころ、ある契機から西洋音楽に興味をもち、バイオリンを習いたいと申しでたが、父からは軟派のすることとして拒否された。父に反抗する気持ちはあったが、行動でそれを表現することはまったくできず、学業成績も父が望むようにならず、高校生になってからは登校拒否を起こしたり、胃神経症（心身症）になったりした。

私は、だんだんに文学への関心が強くなり、しばらくの年月、志賀直哉の作品に熱中した。当然、剣道などをつづける気持ちがなくなり、退部を申しでた。先輩や同級生から、毎日のように部活動をつづけるように説得されたが、私は頑強に抵抗した。

また、父といっしょの生活から解放されたいと願い、下宿をしたいと思うようになった。その努力をしたが、結局は実を結ばなかった。

私の登校拒否は、なんとなしに学校へいく気にならず、自分でもどうしてよいかわからなかった。医者である叔父《おじ》に相談したところ、それは神経衰弱だからゆっくり休んだほうがよいといって診断書を書いてくれたので、父親もそれを認めてくれた。しかし、現在の登校拒否児とちがう点は、留年をしないように配慮して欠席日数をカウントしたこと、昼間は寝ていて、夜は起きているという生活であったが、トルストイの『アンナ・カレーニナ』やロマン・ロランの長編小説をゆっくりと読むことができて、それらが私の人生観におおいに寄与したことである。

いつも胃が重いような感じがしたし、胃部にかたまりができて、それがつねに気になっていたので、漢方薬を飲んだり、胃にバンドをしたりして悩んでいた。それが胃神経症であったことは、医学を学ぶようになってはっきりしたことである。たまたま冷水摩擦がよいことを知り、毎朝、それを熱心に実行した。それによって、だんだんに胃病にたいするこだわりがとれていき、大学にあがるころにはすっかりなおってしまった。冷水摩擦の医学上の効果ははっきりしていないけれども、自分で病気を克服しようとする意欲が自律神経に影響して、その失調をなおすことに役立っているのではないかと思っている。子どもたちの喘息《ぜんそく》治療に乾布摩擦をすすめて効果をあげてきたのも、自分の体験例によることが大きいものと考えている。

文学に心ひかれて——ドイツ文学科へ進学

中学校から高等学校に進み、いよいよ大学進学の問題が生じた。父は法学部にはいることをすすめ、役人になることを希望したが、私には拒否する気持ちが強かった。それは、役人になっていた叔父のことが頭にあったからである。中学生のころ、その叔父が「おじさんは、もうじき勲章をもらうんだよ」と左胸に両指で円をつくって誇らしげにいったことがある。〝第二反抗期〟にあった私は、〝こいつは、勲章をもらうことが目的で役人生活を送っている〟という気持ちになった。そして、ぜったいに役人にだけはなるまいと決意したのである。

すでに文学に強い関心をもち、創作活動をしたいと思っていた私は、まず芥川龍之介の作品を愛読した。しかし、彼のように頭の切れる人の作品には傾倒することができず、つぎに志賀直哉の作品のとりこになった。それは、彼が、ありのままに自分の感情を表現できる〝自由〟な心をもっていることに感動したからである。また、中勘助の作品をも愛読したが、伏せ字が多くて困った。当時は検閲がやかましく、少しでもセクシーな部分があると、伏せ字を命ぜられたからであるが、彼の作品はけっしてセクシーではなく、清潔そのものであった。

私は、思いきって父に、文学部にはいりたいといった。そして、文学部を終えてから法学部にはいるという約束をしてドイツ文学科を選んだが、それを自分の専攻にする気持ちはまったくなかった。高校でのドイツ語の成績はよくなかったし、ドイツ語で身をたてる自信もなかった。

それなのに私がドイツ文学科を選んだのは、高校のときに、〝ばあちゃん〟と呼ばれていたポーランド生まれのドイツ語の女教師に出会ったことが大きな契機になったともいえる。〝ばあちゃん〟は、じつにおおらかな人であった。その人格からかもしだされる雰囲気が好きで、目黒にあった〝ばあちゃん〟の家にはしばしば遊びにいった。いちおうはドイツ語の会話を習うという目的からであったが、〝ばあちゃん〟とともにいて、ひたすら〝自由〟な雰囲気を味わっていたといえる。そのほかのドイツ語の先生の多くも自由主義者であった。

〝ばあちゃん〟の思い出を書いたものがあるので、ここに掲げておく。

▨鹿子木先生――こういうと、もう、ばあちゃんの面影はうすれてしまう。おそらく、武蔵高校に在学中、「鹿子木先生」とかしこまって先生を呼んだことは一回もなかっただろう。目白駅からバスの停留場まで、背の丸い、しかし、見あげるほど背の高いばあちゃんの、鞄《かばん》をさげてのしのしと歩いている姿がそばをとおると、尋常科の連中は微笑をたたえて見あげ、高等科の連中は帽子をとってぞんざいにお辞儀をする。そうすると、ばあちゃんは、ちょっと頭をさげるだけのお辞儀をかえす――こうした情景がなつかしく蘇《よみがえ》ってくる。

ばあちゃんには、喘息という持病があった。冬になって発作が起きると、授業中にもぜいぜいという音が胸の奥からきこえてくることがしばしばであった。悪童連は、ばあちゃんのこの喘息の発作を期待した。そして、休講という報が伝えられると、ワーッと歓声をあげた。寒い日など、きょうは休講だと期待しているところへ、廊下の角から大きな姿がマントを着てあらわれると、いっせいに嘆声をもらしたものであった。ときには、弱いからだを押してでてきたばあちゃんにたいし、机を二つ積みかさねてバリケードをつくり、そのなかに立てこもって、ばあちゃんが近づけないようにした。

「みんな、べんきょうしてちょうだいよう」——怒るでもなく、悲しむでもなく、半分の微笑のなかから、ばあちゃんが大きな声を立てたその声色が、いまも耳の底に残っている。

一年生のころ、私は小池・大塚両君と、一か月に一回ずつ、ばあちゃんを目黒のお宅に訪問することにした。これは小池君の提案で、ドイツ語の会話を上達させることにあった。しかし、その本来の目的は達せられず、レコードをきいたり、ドイツの本を見せてもらったりして帰ってくるのであった。

こんなことをしていて、勉強の役にたつのかしら、とあせる気持ちもあったけれど、ばあちゃんのまえにいると、母親に抱かれたときのような感じがして、一年生の秋に小池君が病気をするまで、ばあちゃんのお宅を訪れていた。

そればかりではない。三年生の夏には、野尻湖畔ですごすことになったのも、ばあちゃんのヒュッテがあることをきいたからでもあった。滞在中、何回かボートに乗ってそのヒュッテにいった。そして、すっかりそのヒュッテが気にいってしまった。

将来、いつか人里はなれたあのようなヒュッテで、静かな夏を暮らしてみたいと思うようになった。その後、ヒュッテの設計図をかいてみたこともあった。その思いは、いまもなお私の頭のなかにある。まだヒュッテを持つことはできないでいるが、人里はなれたところで、ばあちゃんのようにすごすときを少しでももちたい——いつまでもこの願いをもちつづけているのは、ばあちゃんの心にふれることができた一人であると自認しているからだ。

(昭和四十年ごろに書いたもの)

文学部に失望し、医学部へ——大学時代

〝自由〟を求めて大学へ入学したが、私には期待はずれであり、まったく失望した。アカデミックな雰囲気になじめなかったし、研究室の雰囲気が堅苦しかったともいえる。しかし、「狼煙」という同人雑誌のグループに属していたので、毎日の生活には

ある種の充実感はあった。

さらに、卒業論文を書くことになったときに、ハンス・カロッサ（H.Carossa）を選んだが、それは、私の一生に大きな指針を与えてくれた。高校のころに『ドクトール・ビュルゲルの運命』を読んで心をひかれていたが、新たに読んだ『子ども時代』も『ルーマニア日記』も私を魅了した。

そして、卒業後に医学部にはいって医者になる決心をした。カロッサが開業医をしながら創作活動をしていることが、私の将来の生活のモデルになるような気がして、どこか田舎で開業医をしながら、創作活動をしたいという夢を描いた。そこで、物理や化学の個人教授を受けて、医学部への入学に備えた。医者を尊敬していた父は、即座に許可してくれた。

東北大学の医学部に入学してから、はじめての下宿生活を味わったが、真珠湾攻撃にはじまる太平洋戦争の勃発で緊張感につつまれながらも、われながらひじょうによく勉強した。日曜日も生理学の実験のために大学へ行ったり、友人と研究会を作って文献を紹介しあったりしたほどである。

ただし、文学関係のグループはできず、その寂《さび》しさもあって、一時は、茶道に熱中した。お年寄りの男性の先生で、その道はひじょうに枯れていた。茶道のエスプリ

（精神）を学ぶことができて、それが私の一生の生活のささえになったが、その後、正式に師匠に習う機会がないまま今日にいたっている。

日々、孫に教えられる――老年期

じつは、子どもたちが成人してわが家から巣立っていったら、妻と二人で茶の湯を楽しもうと話しあっていたのだが、長男夫婦とおなじ屋根の下に住みあうことになった。彼らが共稼ぎであるところから、孫が生まれてからは、妻が日中の保育を担当することになって、茶の湯は断念しなければならなくなった。茶の湯のためにと考えていた部屋は保育室に変わり、茶の湯どころではなくなったからである。そして、たちまち「おじいちゃん」と呼ばれる身になった。

孫といっしょの生活がはじまると、孫の相手が楽しくなった。自分の子育てのときにはただただ夢中だったことが思いかえされた。孫と遊ぶのがじつに楽しかったのは、私の心に〝ゆとり〟があり、孫と〝遊ぶこと〟だけに専心すればよく、養育の責任は親たちにあるのだといった思いがあったからでもある。

孫と遊ぶのが楽しくて、大学の研究室からはやめに帰宅することが多くなるとともにに、孫から〝子ども学〟について教えられることがたくさんあり、それを研究題目にとりあげるようになった。つまり、孫と遊んでいると、新しい研究のアイデアがつぎつぎと生まれてくるのである。(孫と楽しく遊んだ記録は『孫育て保爺』〈小学館〉にまとめられている。)

三人の子どもたちからはつぎつぎと子どもが生まれ、現在は、二人の小学校五年生を筆頭に四歳の男の子まで八人で、だいたい年子のようになっている。少なくとも一か月に一回は全員がわれわれの部屋に集まる。そのときの状況はまさに嵐といってもよく、娘のところの男の子四人がやってくるとなると、到着するまえに、私は部屋のかたづけをはじめなければならない。それは、破壊されては困るものを私の書斎のほうに格納する仕事であり、たいせつなおきものや、高価な草花の鉢や、だいじな書類などがその対象となる。私は、〝しからない教育〟の提唱者であり、しかることができないであるから、そのための対策をたてなければならないのだ。

孫たちは、わが家に現われるたびに成長して、たくましくなり、すばらしいエネルギーを発揮する。はじめは、彼らの活動におうじて私自身もいっしょになって暴れていたが、だんだんに追いつけなくなり、昨今はせいぜい六歳と四歳の孫と遊ぶことができるだけになってしまった。

「おじいちゃん、遊ぼうよ」と誘ってくれた孫たちは、小学校にはいる前後から、年寄りと遊ぶくらいでは満足しなくなり、友だちをたくさんに連れてきて大暴れをして楽しむようになったが、私の体力は落ち目になってきているから、とても仲間に加わるわけにはいかない。体力があればいっしょに遊ぶことができるのに――と口惜しく思う気持ちもあるが、子ども集団の大暴れをながめながら、心のなかではそれを楽しんでいる昨今である。

じつは私は、高校生のころから幼い子どもと遊ぶのが好きになり、機会を求めてはたくさんの子どもと遊んできた。小学生を対象としてはじめた「ひらめ合宿」でも、私はじゅうぶんに遊ぶ楽しさを味わうことができて、三十年もつづけることができた。

第2章――〝老い〟を受けいれ、しなやかに生きる

からだの〝老い〟を受けいれる

身体面からいえば、診断名のつくような病気がなくても、細胞はだんだんと老化していき、老衰といわれる状態になることは人間の運命《さだめ》というべきであろう。百歳を越えてもなお元気――という老人が新聞で報道されるけれども、その生活はけっして若もののようではなく、走ることは不可能であるし、体力を使っての労働はできないはずである。顔面にはしわがより、皮膚には老人性のしみがふえてくる。老醜ともいえるが、そうしたからだの老化をそのまま受けいれることが老人には必要であると、私は思っている。それに逆らって、若もののようにふるまおうとするならば、それは天の摂理にそむいているというべきで、無理をとおそうとすれば、からだがいうことを

きかなくなるし、無理をとおしてしまえば、あとが悪い。

では、診断名のつくような病気をもっている場合には、どのように行動したらよいであろうか。

治療法が確立している病気であれば、いちおうは医者の指示にしたがって治療を受ける必要がある。たとえば、白内障などはかなり高齢になっても手術が可能であるから、手術を受ければ、視力は回復する。しかし、多くの病気は老化と密接に関係しているから、病気そのものを治療しても、もとのからだにもどることはない。それゆえに、自分なりの生活の工夫がいる。高血圧などはその一つの例であり、薬物の服用も必要であるが、毎日の生活上の注意を守ることに自分なりの工夫をすることを考えなければならない。

〝自分なりの〟ということが、自発性と関係する。〝からだのことは医者にまかせた〟という人もいるが、その人の生活全般を熟知して指導してくれる医者はひじょうに少なく、多くは薬物のコントロールをするか、いくつかの注意をするにとどまっている。医学を学んだ私は、とうてい私のからだを医者まかせにする気はしないし、「医者にかからない会」に入会したいと考えているほどである。この会は、主として医者によって構成されているそうで、現在の医学（検査づけ・薬づけ）にたいする不信感をもっているものの集まりといえよう。

神経を使わず、足を使う

私の場合、十五年まえに、集団検診で「糖尿病」と診断された。その後、大きな病院で血糖値を測定してもらったところ、中程度の糖尿病と診断され、薬物を服用しはじめた。自覚症状はまったくなかったが、素因があると考えたから、観念した。しかし、その当時、私は国立大学で学部長をしており、いろいろなごたごたがあって心理的な負担が大きく、いわゆる神経をすりへらしていた状態だった。そこで定年までには十五年も残っていたが、思いきって、現在の大妻女子大学に転職することを決心し、それが実現された。そのときに、こんごは〝長〟と名のつく役柄にはいっさいつかないという決意をした。私には〝長〟という役につくだけの資質がないことを自覚したからである。

大妻女子大学に移って、きわめてのんきな生活がはじまった。ところが、夕方になると、からだがぞくぞくし、額《ひたい》から冷汗が流れる状態になった。糖尿病のうえに、さらになんらかの病気がくわわり、ダブル・パンチを受けたかと思ったが、ふと、これは低血糖の状態ではないかと思いついて、服薬を中止した。すると、症状はまったく消失し、爽快《そうかい》になった。さいわいペーパーでかんたんに尿の検査ができるので、それで試してみると、まったく糖が検出されなかったのである。私の糖尿病は、いわゆる〝マネージャー病〟であって、学部長の役職についていたことがよくなかったのである。

そこで、私は、〝長病〟という診断名を創作して、ぜったいに〝長病〟にならないための工夫をした。それは学部長や学科長・委員長、そのほか学会の〝長〟にならないことにし、つぎつぎとそれまでの〝長〟の座からおりたことで実現された。

その後、尿中に糖がでたのは、娘の長男（三番目の孫）が新生児髄膜炎《ずいまくえん》で生死の境をさまよった二か月間だけであり、これも心理的な負担によるものであった。さいわい孫は生命《いのち》をとりとめ、その後の発達障害も起きなかった。糖尿がでていた二か月間は、孫の病状で毎日が不安の連続であったことを思いだす。糖尿病が心理的な原因でおきることは、糖尿病にかんする本にもかんたんに書かれているが、じゅうぶんに研究されてはいないことがわかった。私は貴重な経験をしたことになる。

ところで、私は三年まえに膝関節炎《しつかんせつえん》をわずらった。これは「ひらめ合宿」で小学生たちと大暴れをしていて、無理をした結果である。子どもたちと格闘をしていて、どうしても負けたくなかったことが原因である。私は降参がきらいで、おおぜいの子どもたちがおおいかぶさってきたのを、足で蹴とばそうとしたことによる。自分のからだの年齢を考えて、早く子どもたちに降参を宣言すればよかったのだ。

それ以後、階段の昇降にも不自由があったので、医者の診察を受けようと思ったが、治療法は私にも見当がついていた。過剰診療などを受けるのはいやだったので、自分なりにサポーターをしたり、歩き方の工夫をしたり、軽い体操をしたりした結果、今日では関節炎をわずらったことを忘れるまでに回復した。しかし、それ以来、走ることには不安があり、ゆっくり歩いたり、早く歩いたりして鍛練をする程度にとどめている。

また、夏のあいだは駒が根のヒュッテで過ごすことにしているが、ここにいるときには毎朝五時におきて、森林浴をしながら一時間ほど歩きまわる。これがじつに楽しい。野鳥にも興味をもちはじめたから、さらにその散歩は楽しいものとなった。東京にいるときには、どうしても歩行距離が少なくなるが、十年くらいまえから、授業中に教室内を熊のように歩きまわることにしているので、それがかなり役にたっていると思う。

老化が進むのは足からといわれているから、できるだけ歩くようにしているが、会議が多かったり、忙しかったりすると、それが不可能であり、そのような日はなんとなく関節が不服をいっている感じがする。その感じは、痛みはないが、圧迫を受けているような感じといえる。都内では朝の散歩をする気にもなれないし、早朝、大学へでかけるので、せわしなく歩くのもいやであるが、もうすこし歩く距離をのばす工夫をしなければならないと考えている。

じょうぶでないから病気をしない

もし、重度の病気にかかったら、私はどのようにするだろうか。それには、すでに故人となった宗教学の岸本英夫教授のモデルがある。五十歳のときに肉腫と診断された岸本教授は、さまざまな治療を受け、病気と闘いながら、精力的に仕事をされた。私も、病気におじけることなく、精力的に仕事をしたいという念願をもっている。しかし、じっさいになると、それが実現できるかどうか、勝負のしどころとなろう。

私が入院するほどの大病をしたのは、終戦後の引きあげのさいにパラチフスＡの感染を受けたときである。軍医であった私は、台湾に住んでいた日本人をふくめて、重症の患者さんを病院船で日本に輸送する役目を与えられていたが、連日にわたる、高雄の埠頭《ふとう》のコンクリートに寝かせてある病人の診療で疲れてもいて、そのさいに感染したらしい。一週間ののちに、ようやく病院船の姿が見え、接岸したときにはホッとしたけれども、脱力感があった。船旅の二日間はまったく食欲がなく、佐世保に上陸したときには発熱していた。

検疫はアメリカ軍によって行なわれていたので、もしそれにひっかかれば、アメリカ軍病院に入院させられるおそれがある。私は歯をくいしばって、健康であるかのようにふるまった。ぶじにそれを切りぬけて汽車に乗りこんだが、身動きもできない状態になった。東京方面へ帰る衛生兵の何人かが荷物などをもってくれたり、いろいろとめんどうをみてくれたりして品川に着き、家族の出迎えを受けて、やっと家にたどり着いたのだった。

入浴して旅のあかを落とし、布団のなかにはいると、昏睡《こんすい》に近い状態となり、目黒にあった海軍病院に入院して、そこで二か月をすごすことになった。パラチフスAの重症型であったからである。それは昭和二十一年の六月と七月のことであるが、その後四十二年をへた今日まで、病気で寝たのはわずか一日。カゼで発熱したときだけである。

四十年あまりも病気をしなかったという話をすると、それを聞いた人たちは、異口同音に「ごじょうぶなんですね」という。しかし、私自身は、じょうぶだ——という確信をもっているわけではなく、たんに〝病気をしない〟というにすぎない。カゼは毎年のようにひくが、発熱しないから、働くことができるというわけである。腸は弱く、カゼをひいても、なにか不安があっても、それらが下痢《げり》となって現われることが多いが、仕事を休むほどのこともないので、いきおい大学へでかけたり、社会的な仕事もはたしたりすることになる。

つまり、私はからだには自信をもっていないわけで、それが、からだにたいするある種のいたわりになっているといえる。じょうぶにかまけて、ばりばりと仕事をするようなことはまったくない。

一日を自分のリズムですごす

私の一日はどのようにすぎていくのか。朝は五時前後に目をさます。目がさめると、じっとしていられない。寝床のなかで鬚《ひげ》をそると、台所で湯を沸かしてポットに入れる。そのあいだに、まえの日に洗いのこした食器があれば、それらを洗う。多少の掃除をすることもある。

それから労働着に着がえ、春から夏にかけては芝生の雑草をとることに挑戦する。これはたのしい作業ではないから、挑戦ということばが該当する。そのほか庭木や草花の手入れもある。約一時間ほどかける。そうしながらNHKの第一放送を片耳のイヤ・ホーンで聞く。地方の人びとの地域活動やいろいろな情報を聞くのがたのしみである。春から夏にかけては野鳥の声を聞く。そのあと、シャワーを浴びるか、入浴をする。三年まえから、自動的に適温で湯が沸く装置をとりつけたから、きわめて快適となった。とくに冬の寒い日などはありがたい。

湯からあがるころに妻が起きてきて、朝食の用意をはじめるが、ほとんどがパン食なので、かんたんである。私は、用意ができるまでは新聞に目をとおすことにしている。そして、家をでるのが六時四十分前後。自分の車でいくことが多いが、バスと地下鉄を使うこともある。

大学に着くのは七時から七時半のあいだである。窓をあけ放ち、朝の新鮮な空気を五階の研究棟いっぱいに入れるのはさわやかである。湯を沸かしてポットに入れる。七時半から九時までは学生の指導にあてているが、主として卒業論文の指導である。学生のこない日は、読書にあてている。九時まではほとんど電話がかかってこないので、私は〝ゴールデン・タイム〟と称しており、学生にはそれを提供しているのだから、早起きをしてくるようにとすすめている。

　このような早起きは、幼いころからの父のしつけによる。寝坊は許されなかった。ゆっくりと午前中いっぱい寝ていたという記憶は、登校拒否をしていた一学期間をのぞいてはまったくない。父親は早起きで、庭仕事が好きだった。私は反抗心から、父の生前にはまったく庭仕事をしなかったので、早起きだけが子ども時代と結びついているのかと思っていた。しかし、最近は、庭仕事も父の影響を受けているなと思うようになった。

　ただし、父はバラなどを手がけ、大きな園芸の店には足しげくかよって、かなり豊富で専門的な知識をもっているようだったし、終戦後は定職がなく、趣味に生きる時間があった。が、私は多忙な日々がつづいているために庭いじり程度であり、知識もきわめて貧弱である。しかし、時間のゆとりができれば、草花の栽培については勉強したいと思っている。

　大学では、午前中に講義やセミナーを終え、午後は一週間に三回、カウンセリングを行なっている。このカウンセリングはすでに三十余年にわたって実施してきたことなので、楽しみでさえある。とくに、ロジャーズ（後述）の考えを尊重して実践しているわけであるが、それによって自分自身の人格がすこしずつ向上しているのを感じとることができたときには、うれしさでいっぱいになる。

夜は、研究会やそのほかで一週間の半分は帰宅が八時から九時のあいだになる。それから家内といっしょに食事をするが、美酒は欠かしたことがない。食事が終わると、原稿を書いたり、読書をしたりしているうちに、十二時前後になる。それまではクラシックをテープかCDで流していることが多いが、仕事が終わると、多くはウイスキーを飲みながら、本格的に好きな曲を聞くことにしている。

三年まえから約二年間にわたって聞いていたのは、キリ・テ・カナワのソプラノだったが、昨年からはキャスリン・バトルのソプラノになった。私は彼女のことを〝声の恋人〟と呼んでいる。恋人の歌声を聞きながら酔いがまわってくると、そのまま就寝することになり、ベッドにはいると、三十秒以内に寝息をたてている。

〝休み〟は心の糧である

よく人から、「たくさん本をだしているが、いつ書くのか?」と聞かれることがある。大学では、いっさい私的な仕事をしないように心がけているから、原稿を書くことはほとんどない。それゆえ、家にいるときに時間を見はからって書いている。書くことが好きだから、論文以外はひじょうに速筆で、一時間に七、八枚は書けることが多い。

また、雑文に類するものは、依頼状が届くと、二、三日のうちに書くことにしている。それは還暦以後のことで、一つには、依頼された原稿を書かないで、とつぜん、死ぬようなことがあれば、依頼者がこまることを配慮しているからであり、原稿の締め切り日まえに送ってしまうことは、借金をしていないという気持ちになれて、ひじょうにさわやかであるという実感をもったからである。

しかし、分担執筆の場合には、ほかの執筆者からうらまれてもいる。「先生が早く送られるので、出版社からせかされる」という人もいるが、「還暦まではぼくもそうだったのだよ」と答えている。

日曜日の朝は、NHKの第二放送で、六時十分からの「最近の医学」を二十分間きくことにしている。医学を学んだものとして、すこしでも遅れをとらないように知識をたもとうという心がけからである。しかし、医者の話し方は、たぶんに一人よがりのことが多かったり、専門用語が多かったりするので、医者以外の人は理解しにくいのではないかと思うことさえある。そのあと「宗教の時間」がある。私の心を強く打つ話もあるが、つまらない話もあって、話し手によってちがう。しかし、一年間に何回かは強く心に残る話があり、私の心の糧《かて》になってもいる。そのような話は、NHKの人にテープのダビングをしてもらうこともある。

外部からの依頼による講演は一か月に二回ぐらいで、カウンセリングのない日か土曜日になる。たくさん依頼されるが、断わることが多いのは、週日がつまっているからであり、最近は出歩くことが多少おっくうになってきているからでもある。しかし、聴衆が私の話を目を輝かせて聞いてくれるのはたのしい。

一年間をとおして、駒が根の山小屋ですごす日は六十日以上におよんでい。とくに夏休みは、山小屋にこもって自然のなかで生活するたのしさをじゅうぶんに味わうことができるので、講演の依頼などはいっさいお断わりすることにしている。

三年まえまでは、夏休みにはいくつかのまとめの仕事を計画していたが、いつも予定の半分も実現できない。夏休みを終えるころになると、あせりを感ずることになる。仕事を終えなかったという口惜しさも残る。それがいやなので、この一、二年はいっさいの予定をたてずに、気の向いたときに仕事をすることにした。じつに気が軽くなり、〝休む〟ということの意味をはっきりと認識できた。

〝休み〟は心の糧である。山小屋での生活については後述するが、山小屋での生活を待ちこがれているからこそ、東京での多忙な生活にも精力的になれる。

研究や趣味はこれからも

精力的な仕事としては、これまでつづけてきた研究をさらにつづけること、および新しいアイデアの研究をはじめることのほかに、これまでの研究を整理することがある。研究の量が膨大なだけに、どうしたらよいか思案しているが、少しずつ計画が立ち、それをはじめている。

そのほかに、これも膨大な量の書籍があり、それをひき継ぐものとして教育心理学者の婿《むこ》がいるが、医学書などは不要であろうから、いまから適当に処分をしなければならないと考えている。研究者が死ぬと、古本屋が押しよせてきて、遺族から二《に》束三文《そくさんもん》で買いとっていくと聞いている。そのような状況になるのはまさに癪《しゃく》であるから、適当なところへ寄贈すること、およびその本を必要とする友人・知人へ進呈することをはじめている。

さいわいに、秋田県の過疎地である鳥海町の公民館に一般的な雑誌や図書を送って喜ばれている。人口八千人の町に本屋が一軒もなく、公民館の図書室にも本がほとんどないという状況であり、私がかねてから町民に文字文化に親しんでもらいたいと願っていたことが、実現できたわけである。

また、切手の収集も膨大な量になり、未整理のままなので、なんとかして、いまから整理をしておき、孫へのプレゼントになればと考えているが、うまくいくかどうか。さらに、録音したテープの量も多く、いちおうは年代別・作曲家別・演奏家別に整理してあるが、これにも、さらによい整理の方法を考えなくてはならない。要するに、死ぬまでに膨大な仕事の山があり、それらをきちっとかたづけることができるかどうかが問題である。そのほか、臨床相談の対象となっているケースがたくさんあり、これらのケースにたいしても責任をもたなければならない。

いつ死ぬかがわからないので、以上のことを整理するためのきちっとした計画は立てることができないでいる。これまでは、死んだあとは家族や研究室の人たちがなんとかするだろうという楽観的な見方をしていたが、このところ私でなければ無理だという気がしてきて、ぼつぼつ整理をはじめた。しかし、急ぐ必要もないので、気が向いたときにやっている。

以上、老人としての私の日常生活にはいくつかの変化があるけれども、その基調は若いころからの生活のしかたの継続といってもよい。過去の仕事の整理をはじめてみると、じつによく勉強し、仕事をしたものだと感慨にふけることがある。意欲的に人生を送ってきたと思う。

第3章——反抗心が〝老い〟を輝かせる

〝生きがい〟が〝老い〟をひらく

老人の問題で、もっとも大きく取りあげられているのが〝ぼけ〟であり、〝恍惚《こうこつ》の人〟であり、〝脳軟化症（アルツハイマー症候群）〟である。私の父も母も、死ぬ一年まえからその症状がはっきりと現われた。しかし、統計によると、八十歳までにこの症状が現われるのは、わずかに数パーセントにすぎず、八十歳をすぎても、四人に一人であるから、残りの四分の三の仲間にはいることも可能である。

頭を使っているものには〝ぼけ〟が少ないといわれるし、自分なりの生活を実現し、不安がないものにも少ないといわれており、それらは私にもあてはまるから、自分には〝ぼけ〟はこないなどと言いきかせてはいるが、まったく確証はえられていない。

したがって、自己決定の方法（自殺）を考えておく必要がある。しかし、私はまだそれにたいして本気になってはいない。それは、目前に山積みしている仕事に夢中になって取り組んでいるからであろう。

そういう意味で、未来にたいする計画の乏しいものにとっては、老いることは悲劇になることが考えられる。私の大の親友で、大会社を退職したあと積極的に勉強をはじめて、特殊なものの翻訳業をはじめ、それ以後、じつに生きいきと毎日を送っているものがいる。その友人は大学の学科を選択するときにドイツ文学を勉強したかったらしいが、文学部などを卒業しても食っていけないと父親に説得され、それにすなおにしたがって法学部に進み、卒業後は大会社へはいった。長年、その会社に勤めて定年を迎えたが、その間に二度も大病をした。

彼は、会社づとめをしていたあいだの自分の精神生活をふりかえって、なんとつまらない人生であったか――と述懐している。そして、私のことを「おまえは親父に反抗をかさね、自分の思いどおりの人生を送り、いまもなお若い女の子たちに囲まれてたのしく暮らしている。うらやましいよ」と言っている。私はまったくそのとおりだと思う。そして、その友人に「おまえがすなおだったのがまずかったな」と言うと、彼はそれを認めた。「しかし、生まれ変わったように生きいきと老後の生活を送れてよかったね」と祝福して、私は盃をくみかわした。

彼の老後の生活について話を聞く機会がたびたびあったが、そのたびに私は感動した。そこで、彼・木村政雄君に、その記録をつづってもらった。

マイペースで"老い"を生きる――木村政雄君の手記❶

私は、いま、コンピュータに使うソフトウエアのマニュアルを英訳する仕事を家でしている。定年までは富士通の部長であった。いまの仕事は富士通の子会社であるFDLというところからもらっている。

この仕事をなんとか家でできるようになりたいと思ったのは六十二歳のときだった。それからいろいろと準備をし、やっと実現したのは定年もだいぶすぎた六十四歳のときである。

仕事があるときの私の一日は、だいたいつぎのように進む。

朝、六時ごろ、起きる。放送大学・「英語I」のテレビ・ドラマの放送がある日は、まずそれを見る。このドラマは、純粋に英米人むけにつくられたものを、なんとかして日本人にも聞きとりができるようにと、日本人とアメリカ人が苦心惨憺《くしんさんたん》して解説を作りあげたものである。私のような仕事をしているものは、英文がスラスラと頭にでてくることがなによりもたいせつだから、このドラマを材料として学べるのはじつにありがたい。

起きるとすぐ机に向かって、英国人の書いた『現代英文法／大学編』と、米国人女性の書いた『ネットワーキングとデータ・コミュニケーション』という英文を読む。わからなくなるとまえのほうへもどって、ほんとうに頭にはいるまで何回でも読む。（こんなふうに、毎朝、英文を読みはじめるようになったのは、つぎのように考えたからである。すなわち、たいていの人は、中学・高校で語学をけんめいに勉強してきても、卒業すると、それをやめてしまう。多くの人にとって語学は遠い記憶の底に沈んでしまっている。私はこの仕事をはじめた以上、これと逆に、英語を毎日よもう、そうすれば、英語をいやになってやめることもあるまいと考えたのだ。じっさい、そのとおりだったと思っている。）

こうして、頭のなかで英語が動きだしたところで仕事をはじめる。机の上には大型のコリンスの英英辞典がのっている。私は、辞書はだいたいこれを使っている。（字の大きなこの辞書は丸善に頼んで英国から取りよせたものである。年齢《とし》をとってからも辞書の細かい字を読みながら翻訳をしている人が、白内障・緑内障に悩まされる例は多い。こういう障害を避けるために、この辞書を買ったのである。そういう意味で、この辞書は私には大きな助けになっている。)

以前は、仕事があると、まず原稿を作り、それを修正したのちにパソコンを使ってフロッピー・ディスクに入力していた。あるとき、急ぎの仕事がきたので、直接、和文を見ながらフロッピー・ディスクに英訳を入れる方法をとらざるをえなかったことがある。おそるおそるやってみると、この方法でも、ゆっくり進めば、なんとかできることがわかった。(あとで修正する量は多くなるが、それはやむをえない。)しかも、ここで確実に一工程すくなくなって、能率はあがってきた。マニュアルには図面や表が多いが、これはコピーをとって、タイプ用紙にはりつけることになっている。この仕事は家内がやってくれる。(この英文にはタイプライターを使う。)

仕事に疲れた時分に、近くの体育館まで体操のトレーニングにいく。リズム体操とかサーキット・トレーニングとかがある。一時間もすると、汗びっしょりだ。それをシャワーで流し、気分を一新してから、また仕事をはじめる。

私は年寄り(現在七十歳)だから、仕事をしていくうえで、若い人のリードについていけないところがずいぶんある。それについては、リーダーにあらかじめ自分の仕事の進め方を話しておいて、マイペースでいくのを認めてもらっている。無理をして筋肉が切れたりしたら、もう終わりだからだ。この点は、若いときに肺結核にかかって休学したせいか、極端に臆病になっている。

夜はだいたい自由時間だ。日記や手紙を書いたり、好きな本を読んだりする。また、そろそろいい年齢《とし》になってきたので、自伝を、毎日、すこしずつ書いている。子孫に残すなどというだいそれたことのためではなく、自分の歩いてきた跡を自分で考えてみるためである。十時か十時半には寝る。そのとき、家内に血圧をはかってもらう。(血圧をさげる薬は隣に住む医師の次男からもらい、毎食後、のんでいる。)

一週間か二週間で一つの仕事が終わると、あとは家内が字数を数え、請求書を書く。このほかに、一週間に一度、ラテン語の講義を聞きにいく。もうすこし英語の感じをつかみたいと思って語源の説明をみても、ラテン語が読めないと、どうしようもないことが多いので、通いはじめたのである。こればかりは独学ではちょっと無理なようだ。

私のいまの生活ぶりは、だいたい以上のとおりである。私はいまの生活が自分の気質に向いているようなので、満足している。いまから五十年以上もまえに肺結核にかかって、二年間、大磯で療養したことがあるが、そのときの自由で抑制のきいた(病気だから)生活を、いまもつづけているような気がする。

不本意ながら法科へすすむ——木村政雄君の手記❷

肺病と宣告されたときは、二年間も友人と別れることだけが悲しかったのだが、療養生活も二年めにはいったころ、文学に夢中になった。(おもにツルゲーネフやナザニエル、ホーソンなど。)また、そのときに適切な参考書をえて、英語をすこしずつ勉強するようになった。わからないところがでてくると、もとにもどって、じっくりやりなおす方法を覚えたのはこのときである。

復学した私は、英語の講義を聞くのがたのしくてならなかった。この休学していた二年間に、私は本質的に変わっていったような気がする。

中学四年のすえのことだ。父が部屋へはいってきて、いきなり、「きょう、おまえの高校進学の相談会があって、T先生に会ったら、〝本田君(そのころ、私の姓は〝本田〟であった)なら、文科でも理科でもどっちでもだいじょうぶです〟といっておられたから、理科に話をきめてきたぞ」というのである。私は、自分はとうてい理科には向かないと思っていたので、父のこの高圧的な態度に反発し、とうとうたいへんな激論になってしまった。父は療養中の私の変化にまったく気づいていなかったのだ。

結局、父は折れた。が、その二、三日後、大塚の祖母の家に行ったとき、偶然、門からでてくる父に会った。父はすっかり肩を落とし、憔悴《しょうすい》しきっていた。（父は五人の男の子をみな医者にする夢をもっていたのに、二人だけしか医者にならず、あとはみな、べつの方面に進んだからである。）私は、私の反対がそんなに父にショックを与えたのかと思って、父にすまないことをしたという気持ちでいっぱいになった。

高校の終わりごろ、父に大学の学部のことで相談をしたとき、私はドイツ文学をやりたいといった。父は「文学部へいっても、大学教授にでもなるならいいが、できれば法科へいって、役人か会社の重役になってくれ」というのである。大学教授になぞなれる自信はなかったし、これ以上、父と争いたくなかったので、結局、父に妥協した。

東大の法科の試験はドイツ語だけである。が、私はヘンに自信をもっていて試験勉強をしなかったし、また、その時分、鼻がつまって、頭がわるくなったなどと考えて、ノイローゼ気味にもなっていたので、とうとう試験に失敗してしまった。やむなく、高校卒業後は神妙に勉強した。さいわいに、二度めは受かったが、法学部の教室にでてみると、講義の内容があまりに無味乾燥なのには失望した。こんなことのために一年を棒にふった自分が、いかにも愚かに見えてしかたがなかった。

時勢はどんどん戦争に向かって進んでいた。軍隊では幹部候補生として召集されたが、こんな戦争で死んではつまらないと思って、現役の主計将校になる道を選んだ。あとのことはそのときに考えればいいと思っていた。

経理学校を卒業したある日、長年、父の患者であった古河虎之助さん（古河財閥の総帥で、二、三年まえに腫瘍のため病没しておられた）の未亡人・不二子さんのお世話で、その親戚の木村稲子と見合いをし、婚約した。

私は経理学校を卒業したあと、満州の部隊に赴任していたが、日本に復員したのは昭和二十一年一月のことだった。父は前年の十一月になくなっていた。私は母や妹のいる長野の沓掛にしばらく落ちついたのち、稲子たちのいる京都の家を見舞った。朝鮮から無一文同然の状態で引きあげ、京都の親戚の家にやっかいになっていた木村の人たちの苦しみは、想像以上のものであった。私は生意気にも、「よし、この親子をおれの力で助けてやろう」と決心した。

稲子とは昭和二十一年の春に結婚した。（彼女はすでに二十歳になっていた。）

万葉集に、藤原鎌足の

われはもや安見児得たり皆人の得難《えがて》にすとふ安見児得たり

という歌がある。べつに人と争って稲子をえたわけではないが、当時の私の心持ちはだいたいこのようであった。

定年後は好きな仕事で——木村政雄君の手記❸

古河未亡人の世話で、私は富士電機に入社した。会社では、はじめは会計にはいったが、不適ということがわかって、結局は企画へ落ちついた。企画ではつぎつぎと新しい仕事を調査し、推進するので、興味はあった。が、会議などにでても、いつも売りあげがふえないとか、シェアをどうやってあげるかとかいう話ばかりで退屈してしまう。私には会社というものがあまり向いていないのではないかと思うようになった。

私はつぎに、逗子にある中央研究所の総務課長になった。そのころ、富士電機の子会社である富士通に、むかし、私ども夫婦の媒酌をしてくれたO氏が赴任してきた。O氏はまれにみる頭のいいかたで、経営力にもすぐれ、富士通のコンピュータ事業の基礎をつくったかたである。O氏は私を富士通にひっぱってくれて、さかんに重要な仕事に使ってくれたが、とうとう、そのことで私は周囲から嫉妬視されるはめにまでなってしまった。その間、O氏は病にたおれ、社長が交替した。O氏がなくなると、私は北海道いきを命ぜられ、のちに、東京にあるSコンピューターシステムという会社に移って、そこの常務になった。

最後には、私は嘱託というかたちでそこに勤めることになったが、この間の思い出はけっして愉快なことばかりではなかった。ただ、ここで二年間、給与がもらえるというのは、定年後の私の人生を準備するのに絶好の機会であった。

ちょうどそのころ、富士通のそばに、コンピュータに使うソフトウエアのマニュアルを英訳する会社が設立された。私自身、定年後の仕事として、なんとかこういう仕事がしたいと思っていたのだ。その自信をささえたのは、いまにして思えば、中学三年のとき、大磯で学んだ英語であった。もちろん、その英語力の回復と向上をはからなければならなかったが。また、コンピュータのソフトウエアの実体を知るために、電算機専門学校に一年間、通わなくてはならなかった。さらに、タイピスト学校で若い女性とともに四か月間、タイプを学ばなければならなかった。

ようやくテストにも合格し、仕事をはじめ、今日までできたが、私はけっして自分の実力だけでここまできたなどとうぬぼれてはいない。FDLのかたがたの支援、とくに仕事を納めるたびにまちがいをその場で教えてくださったKさん、私のふじゅうぶんな英語を、コンピュータ英語らしくする方法を教えてくださった米人のHさんのご教示は、ほんとうにありがたかった。会社に行けば、話し相手になって会社の状況を教えてくださるT専務にも恩義を感じている。私はこんどFDLの十周年記念で感謝状をもらう仲間に加えていただいた。このことをいちばん喜んでくれたのは家内である。家内の支援がなければ、私はとうていここまでやってこれなかったと思う。

（木村政雄）

いたずら心は好奇心につうじる

ボーボワールはその著書『老い』のなかで、個人としての〝老い〟を意義あるものにするものとして、好奇心の豊かさをあげているそうである（『学士会会報』〈一九八六年、Ⅳ、No.七七三〉に掲載された篠原一氏の講演から）。好奇心は、私の研究によれば、自発性と密接に関係し、すでに幼児期に現われ、幼児期をつうじてさかんになる〝いたずら（探索欲求にもとづく行動）〟というかたちをとる。この〝いたずら〟を叱責や体罰などによって抑圧すると、すなおで、おとなしい子どもにはなるが、自発性の発達は低い段階にとどまり、好奇心が乏しく、意欲のない子どもになる。その後において、自発性の発達がなんらかの方法で促進されないかぎり、無気力な状態が一生涯つづく危険性がある。タテ社会のなかでは無難な生活を送ることができるかもしれないが、自分の生き方を自分でつくりださなければならない状況におかれると、挫折する。すでに中学校や高校で、その挫折が現われると、登校拒否という状態になる。また、それが顕在化しないままになんとか適応した社会生活を送ることができても、自分なりの生き方を求められる老後において挫折することになる。私は年寄りの自殺もこのことと関係しているのではないかと考えているし、無気力な生活をつづけて老いていく人は死を恐れるのではないか——とも考えている。老いと子ども時代との関係は、こんごに残された主要な研究課題であるが、研究の方法がなかなか見あたらない。

自発性の発達のためには〝いたずら〟が大きな意味をもっているが、さらに重要なことは〝反抗〟である。それなるがゆえに、児童心理学では二歳から三歳にかけての〝第一反抗期〟と、思春期の〝第二反抗期〟を発達期のなかに位置づけているが、私はさらに七歳から九歳にかけて多くなる〝口答え〟の意義を強調する意味で、〝中間反抗期〟をも設定した。

興味ぶかいことに、老いても〝反抗心〟のある人がいて、たとえば、トルストイなどは政府の弾圧に抗議文を送ったりして活躍したという。また、年をとってよい作品を残した人は、作家であろうと画家であろうと、自分の作品にたいする疑いをつねにもっていて、これから先もたくさん新しいことをやるのだという意気ごみをもっていたという（前出の篠原氏の講演による）。

また、このことと関連して、ゲーテの作品『ファウスト』で、ファウストがメフィストテレスと賭《かけ》をして、「もし、自分が最高に美しいものを見たと言ったときには、おまえに魂をやる」と約束していることが思いだされる。たえず精進をかさねているものには、完全な自己満足がない。それゆえに、たえず発達が実現されているといえる。

〝老い〟のなかの〝若さ〟とは、つねに未来に向かって自己を開いていることであり、感動の多い日々を送ることである。とくに気がねをする人もいなくなり、歯に衣《きぬ》を着せずに話すことができるようになれば、じつに爽快《そうかい》であり、ときには破壊的な発想や〝革命性がちらつく〟ことがある。

つまり、〝老い〟は、「堅固に武装された理性の枠組を取りはずし、思いもよらぬ精神的な豊かさを誘い出す」。「老衰とかさなりながら、しのびよる『死』の影は、何ごとかを発見させる積極的な働きをする」。それが「死の影の生産的触発力」であり、「晩年の様式の中に『破局』だけでなく、『破局』を通して飛びだしてくる未来をはらむ何ものかを触知できる」。「晩年であるからこそできることは、仕残した仕事への強烈な執着がきわめて強い光を当ててくれるテーマや課題を提示することである」（以上、鎌田東二『老いのトポス』から）。鎌田は〝臨死体験〟をした結果、恐怖との戦いののちに「死を受け入れ、それに身をゆだねるとき、人は死から解放される」とも言い、「『老い』を体験せずして、人間の秘密はわからない」と述べている。

老年反抗期を楽しむ

私は、この一、二年、研究室のものから「老年反抗期ですね」と言われている。第一に、学会での論争に意欲を燃やしているし、他人の研究にたいしてさかんに批判をするし、研究室や学科の人たちからものを頼まれても、すぐに「うん」とは言わないからである。そうした反抗が、また、楽しくてならないのである。ただし、それは頑固さとは異なっていると思っている。相手の立場にたって考えることはじゅうぶんにしているし、私自身のわがままを主張してはいないからである。これはカウンセリングを勉強し、現在、〝思いやり〟の研究をグループでつづけていることによる。

たしかに私の記憶力は悪くなり、目のまえにいる人の名まえをすぐには思いだせなかったり、紹介された人の名まえをすぐに忘れたりする。また、ある目的に向かって行動をおこしているとき、その途中でべつのことを思いだして、そちらを実現するために行動をおこし、さらにその行動が目的に達していないのに、またべつのことを考えついて、そのための行動に移る、といったことのために、最初の目的を忘れてしまうことがある。しかし、それらは山積みしている仕事をまえにして、それらに夢中になって取り組もうとしていることによるものと考えることもできる。つまり、忙しすぎるからだともいえる。

いずれにしても、私が研究生活を送ってきたことで、つぎつぎとアイデアが浮かび、それにともなって方法が設定されるという生活を送ることになり、研究すべき課題は無限にあるから、意欲的な生活を送れるわけである。自分の研究に熱中していて、海外の研究に左右されなくなったことはしあわせである。海外の研究に影響されずに私なりの研究を発展させればよいからである。むしろ私の研究を海外へ輸出したいと考えている。

研究ということは、研究者という位置づけがなくてもできる。家事にしても、研究する心があれば、さまざまな改善が可能である。農業についても、研究によって品種改良などができる。それには、前述した好奇心と、現状への疑問が必要であることはいうまでもない。

私は、現在、精神面での〝老い〟をまったく感じていない。これまでの私の研究については、こんごに解決しなければならない課題をかかえているし、新しいアイデアが浮かんでくることをたのしんでいるからである。

第4章——〝老い〟が冒険を可能にする

私を支えてくれるグループ

最近、ロジャーズ（C.R.Rogers）が書いた『人間尊重の心理学』（畠瀬直子監訳・創元社）を読んで感動し、とくに「〝老い〟と成長」の項には強く心をひかれた。それは七十八歳のときに書かれたもので、六十五歳から七十五歳までの十年間の彼の生活が描かれている。六十五歳が多くの国立大学の定年の年齢であり、その後も、研究意欲に燃えている人が少ないので、私は、六十五歳以後の研究生活は過去の研究にまとまりをつけることにもちいるべきであって、新しい研究の展開は若い人たちにまかせようと考えていた。

ところが、ロジャーズは、晩年、「心理的・肉体的冒険を要するような多くの新しい企画に着手した」のである。彼は、「肉体的な衰えを感じ」ながらも、「新しい企画に好奇心を示し、企画の実現のために努力している」のである。その一つに、「階級意識の強い医師達に、私の考えをぶつけた」ことを述べている。

私もこの数年間、青年期の子どもの〝精神分裂病〟といわれる状態について、精神科医の診断や治療に挑戦するための努力をつづけてきている。それは、精神科医によって精神分裂病と診断され、薬物療法や電気ショックまで受けた子どもにたいして、私なりの治療理論にしたがって実際の治療をしたうえで、その成果をためしてみて、いちおうの成功をおさめたからである。これは、従来の古典的な精神分裂病理論をくつがえすものであり、欧米においても少しずつ芽ばえてきている反精神医学の理論と運動と軌を一にしているものといえる。

ロジャーズが〝冒険〟と呼んでいる行動について、彼は三つの要因をあげている。第一は、「私を支えてくれるグループです」と述べているが、私にも四つの研究グループがあり、私を支えてくれている。一つは「秋田研究会」、もう一つは「思いやり研究会」、もう一つは『保育研究』という雑誌のグループ、さらに「児童学研究会」のグループである。

●──過疎地を活性化させたい──「秋田研究会」

「秋田研究会」での研究は、秋田県の過疎地である鳥海町における児童の生活構造の変遷に関する研究のことである。文部省科学研究費の援助を受けて昭和四十七年からはじめた研究であり、すでに十七年になる。役場の人たちとも親しくなり、町民の有志とも気がねなく話しあえるようになった。研究にも深みをました。アンケート調査のような薄っぺらの研究ではなく、住民との心の結びつきのなかでの研究はたのしい。

大妻女子大学児童学科の千羽喜代子・大場幸夫・中村悦子・松本寿昭といった教授や助教授が協力しあって研究を進めているが、一つの学科内で共同研究の体制を組んでいる大学は、わが国ではひじょうにめずらしいことといえる。専門分野の異なる研究者が毎月一回は集まって研究計画について話しあう楽しみは大きい。

私の担当する分野は、心身に障害のある子どもの療育体制の確立にある。さいわい、四か所の保育園の保母たちの情が厚く、三歳児健診で発見された障害児を、私たちが時間をかけて観察し、多くの場合、保母の保育にゆだねることになる。その結果、障害がひじょうに軽減される。それは、保母の献身的な保育によることが大きい。そのために、障害のある子どもを隠しておきたいという親たちの心理が解放されて、積極的に私たちへの相談のニーズが高くなってきている。僻地のために相談機関が皆無にひとしいこの町にとって、私たちが出向くことは一種の福音ともなっており、数年来、私たちを歓迎するムードが強くなってきていて、私たちもはりあいがある。

すでに述べたように、文字文化の乏しい町であるから、絵本は保育園児に、私の読み古した図書は公民館に送っている。文字文化に親しんでもらいたいという私の願いはだんだんに強くなって、文化的な町にしたいということを町民に訴えている。それにおうじて、住民サイドから「ひらめき会」が発足して、町の活性化の運動がはじまっている。「ひらめき」というのは、小学生を対象とした私たちの夏季合宿で、子どもたちが私につけた「ひらめ」というあだ名をもじったものである。

現在は一年に二回ほど鳥海町を訪れて、町民の要求に答えるとともに、研究もまた楽しく、励みとなっている。

●――"思いやり"を測定する方法を創造したい――「思いやり研究会」

「思いやり研究会」は六年まえに発足した。そこでの研究は、私の人格形成論である「意欲と思いやりを育てれば立派な青年になる」の一翼をになっているものであり、児童学科からは千羽喜代子教授と須永暁子助手が、外部からは八名のものが参加して、毎月一回の研究会をもちながら、数か所の幼稚園で〝思いやり〟があると考えられる子どもたちを追跡的に観察している。

このような研究方法は、アメリカではじまった〝思いやり〟の研究が行動理論にもとづき、実験法で行なわれているのに対立するものであり、私たち独自の研究といえる。行動理論によって研究している研究者とはまさに正面から対立しているものであり、よい論敵がいるのがさいわいである。論敵をやっつけよう——というのが私のかけ声となっている。

〝思いやり〟は人格のなかのきわめて重要な情操であるだけに、重要な研究である。困難が山積みしているけれども、それに挑戦して、最終的には〝思いやり〟を測定する新しい方法を創造したいと念願している。この方法が確立されれば、人間に対する評価はひじょうに異なってくるであろうし、子どもに対する教育の方法も一八〇度転換することが期待されるので、おおいに張りきっている。

●——自由遊びを保育の中心に——『保育研究』

『保育研究』は、現在の幼稚園や保育所の保育が、子ども不在という状況になっているので、子ども中心の保育を呼びかけようという同志によって編集されている研究誌で、八年まえからはじまったが、私が巻頭言を書きつづけてきた。それは、飯田良治君との共著『保育者を志す人々へ』（建帛社）と拙著『保育者のために』（新曜社）にまとめられているが、一貫して自由遊びを中心とした保育を呼びかけている。〝自由〟を子どもたちに与えることは、子どもの自発性の発達を援助するためのかけがえのない条件であるからである。

ところが、軍国主義の時代に〝自由〟が悪の概念のなかに押しこめられたために、今日もなお〝自由〟を体験している大人が少なく、〝自由〟と〝放任〟を混同して、戦後の自由放任の教育が子どもをダメにしたなどと広言している識者が多く、教育学者のなかにもそのような人がいるのは、まさに驚異である。なんとしても〝自由〟を子どもたちに与え、自発性と責任の能力を援助する保育を広げて、子どもたちの人格形成に寄与しなければならないと、この雑誌の編集に張りきっている。

●――「しつけ無用論」の展開――「児童学研究会」

「児童学研究会」は、私がお茶の水女子大学で教育と研究にたずさわっていたときに指導した女性を中心に、いっしょに研究をしたいという気持ちから参加してきた二十五名前後の人たちで構成されている。すでに六十歳ちかくになり、白髪がちらほら見える、お孫さんのいる人から、三十歳前後で子育てに熱中している人まで、その年齢の幅は広いが、いろいろなテーマで自由に討論のできる雰囲気がつくられており、だんだんに大妻女子大学を卒業したものも参加しはじめている。五年ほどまえまで、私よりも年齢が高い、当時、六十五歳になる佐々木綾子さんが参加して〝左利き〟の研究をまとめていたのには感激した。

研究員の研究はいろいろであるが、最近四年間は〝生活習慣〟について再検討をしようということで、その研究の成果はつぎつぎと学会発表を行なっている。それは、私の〝しつけ無用論〟に答えてくれたものといえる。〝しつけ無用論〟というのは、幼児期のしつけは重要であるとか、幼児期にはきびしいしつけをとかといったこれまでの多くの人びとの主張に対して、まさに対立するものであり、私はそれらに反抗的であるといえる。なぜ私がしつけに反対するのか。それは、しつけは子どもを一定の鋳型にはめこむ教育であり、子どもから〝自由〟を奪っており、子どもの自発性の発達に圧力を加えているからである。

そのような圧力を加えられた子どもが思春期になって登校拒否になったり、家庭内暴力をおこしたりしていることは、すでに私たちの研究によって明らかになっており、登校拒否の急激な増加が欧米には見られないわが国独得の現象であることを念頭におくならば、幼児期の子どもに対して〝自由〟を与えようという叫びをあげざるをえない。これが、前述したように、一方では私が『保育研究』という雑誌の編集に熱意を示す理由である。

若さに心うたれ、若さに親しむ

話をロジャーズの老年期にもどして考えてみよう。

ロジャーズがあげた〝冒険〟の第二の要因は、「著者や若者達が創り出そうとしている新しい生活に対する親しみ」である。「私自身新しい形の存在、生きざまにひかれています」と述べ、「次の生き方が正しいと確信しています」として、「⑴人間という尺度ではかるほうがよい。⑵質素で、物を大切にし、再利用を計り、捨てない生き方がよい。⑶外面よりも内面生活が中心である」ことをあげている。この生き方には、私もまた全面的に賛意を表する。

私の生活の周囲には、若い女性ばかりが集まっているといってもよく、彼女らに対して心もとなさを感じながらも、若さに心を打たれることもたびたびである。とくに自発性の発達している女子学生で、〝自由〟に発言するものには魅力を感じ、それを援助する気持ちになる。三年生のセミナーは、学生の自発性を尊重するというねらいもあって、テーマの設定からはじまってセミナーの運営まで学生にまかせることにしている。それによって学生が新しい自由な生活を展開することに楽しみを感じる。ロジャーズのいう人間的な尺度ではかるというのは、まだはっきりと意味をつかめてはいないが、私と学生との心の結びつきはかなりよくできていると思う。学生は私とともにいることを欲し、とくにゼミ合宿と称して、駒が根にある山小屋でともに生活することを熱望しているし、私もそれを楽しみにしている。

ロジャーズがあげた(2)については、最近、過去の生活について整理をはじめてみると、ものを捨てないでよかったと思うことが少なくない。私は、ものを捨てることをしないために、他人の手紙にしても自分のメモにしても、すべて保存している。そのために物置もいっぱいになるし、部屋も物置のようになっているのである。整理とはじょうずに捨てることであると言われているので、整理のじょうずな若い女性に依頼して、書庫から捨ててもよいと思われるものをその人の判断で選んでもらったことがある。そのとき、大きなビニール袋で二つぶんの束を作ってもらった。

ところが、そのようにしてせっかく作ってもらった袋をどうしても捨てる気になれず、物置に入れておいた。しかし、今回、それらを始末しなければならない気持ちになって袋を開いてみると、私の過去の人生にとって貴重なものが見つかったのである。その一つは、東北大学医学部小児科の教授であり、私が教わった佐藤彰先生からの私信、もう一つは家内が女高師時代に倉橋惣三先生の講義を筆記したノート、そして、恋人からきた手紙の束である。

佐藤先生は、当時、風変わりな教授ということで学会でも有名であったが、私はなんとなく魅力を感じていた。もっとも、私は小児科教室にははいらなかったから、弟子というわけではない。また、私は卒業後は東京へ帰ってきてしまったから、先生にお会いするのは学会のときぐらいで、それもたまたまお会いするという程度であった。しかし、すでに私が精神衛生に興味をもち、それにかんする論文をぼつぼつ発表していたころ、「きみの研究はひじょうに貴重です」と励ましのことばをいただいたことがある。また、家内となんとなくしっくりとしない気持ちでいたころ、「奥様をご大切に」と書いたハガキをいただいたこともあり、ハッとさせられた。今回でてきた絵ハガキは富士山の写真で、その裏に書かれた文章はつぎのようなものである。

「大変御無沙汰申し上げました。殊にも結構な御本――益々出で、益々興ありしを頂いて、今御返事申し上げるわけです。かかる有益な内容は、一度書いたからもうよいとふのでなく、体裁をかへ繰返し御出しになる要あり、〃日本人は永久に音痴〃とは日本人から音楽教育で意見を聞かれた外人（主として米人）のみならず、小生も学生の時、日本人は三重唱など出来る人種でないと思つて居ました。日本人（average）が音痴でなくなつたのは大正十年前後として〃五十余年の音楽教育〃の為と愚考して居ます。一生懸命教えて下さい。御令室様にもよろしく仰言って頂きたく」

じつは、どのような本を先生にお贈りしたのか、どうしても思いだせないのが残念である。私は音楽には多大の興味はあったが、音楽家ではないので、それに関する文章を書いたことはあまりなく、日本人が音痴だと思ったこともない。昭和三十三年のお手紙だが、私は改めて佐藤先生を思い出し、私が死ぬまでにどのように保存するかきめておこうと考えているところである。（先生のことについては、拙著『児童学入門』〈光生館〉のなかで紹介してある。）

〃安全〃や〃確実性〃にいすわらない

ロジャーズは〃冒険〃の第三の要因について「私は安全や確実性に退屈する」「同

じことをくり返すことができない」、新しい試みに対して「成功を納めようと失敗しようと、試みることによって学びとれると気づいた」などと述べているが、私はこれにも全面的に共鳴できる。彼は、この十年間に、四つの著書を著《あら》わしているが、「私が書き続けるひとつの理由は好奇心です」と述べ、さらに「私は論理的であることや思考の分岐していく様を追求するのが好き」と書いている。そこには、彼の老いのなかにある生きいきとした生活を認めることができる。

私も好奇心はきわめて旺盛である。とくに新奇なことやものについては好奇心がある。一昨年は、瀬戸市でねりの陶器に新しい作品を創造している双鶴さんに会い、二時間あまりにわたって話を聞くことができたこと、高遠の奥で新しいガラス工芸を創作している江副行昭さんと二時間も話をすることができたことが私の好奇心を満たしてくれた。話しあいながら、創作することの楽しさに共感できた。とくに江副さんのガラス工芸は、ガラスに土を入れて陶芸に似た美しさを追求したものであり、まさに従来のガラス工芸の考え方とは逆の発想である。

逆の発想といえば、昭和二十年代に、倉橋惣三先生のお宅を訪問したときのことを思いだす。中野にあった先生のお宅は二階が先生のお部屋になっていたが、私がその部屋にはいると、先生はいきなり、「地球をさかさにしてみたらどうなるでしょうかね」とおっしゃった。私はとつぜんなのでどう答えてよいかわからず、その問答はそれのみで終わってしまった。しかし、帰路に夜空の星をあおぎながら、先生が逆の発想をしてみることの重要性を私にそれとなく教えてくださったのだと気づいたのであった。

それ以来、子どもの研究のなかで、これまで定説になっていることについて疑いをもち、逆の発想をするようになった。この五年間、〝しつけ無用論〟を提案し、とくに幼児期に重要といわれている生活習慣のしつけを急ぐことはまったく意味がないことを児童学研究会の人たちと研究し、学会に発表してきた。これは、ロジャーズの提唱する〝ありのまま〟であることと軌を一にする。

最後にロジャーズは「死について」述べているが、彼の〝死〟についての考え方は、「これまで、私は自分の人生を生きることが出来ていました。十分とは言えないにしても、自分で満足の持てる程度には生きてくることができました。そして、この人生に終りがくるという事は、自然に思えるのです」「個人として私は完結し終りを迎えても、私に属していたあるものはこれから様々の形で発達しながら生き続けるでしょう。これは考えるだけでも楽しいことです」というものであり、彼は自分の理論の正当性に自信をもっていることが感じられる。そして、「自分の好みで言うと、威厳を持って死ねるうちに患わずに死にたい」と述べ、さらに「自分が安定し、一定し、同一であるなら、死を体現しているようなものだと思います。そこで、私は混乱、不確実、恐怖、気分の高揚や落ちこみを受けいれます。それは揺れ動き、時には混迷する喜びのある人生への代償だからです」という。ロジャーズは昨年（一九八七年）の二月に八十三歳で死んだ。

私の子育て論を世に問いつづける

ロジャーズの〝老い〟についての考え方は、私の精神的な〝老い〟についての格好の刺激になった。私には、人間は生きているかぎり、自己実現の努力をつづけているという洞察が生じたのである。私は、「意欲と思いやりを育てれば立派な青年になる」という結論を、四十余年にわたっての研究のなかから導きだし、それをきちっとした論文にまとめたうえで、親たちが読んでもわかりやすく、教師にも刺激を与えるいく冊かの著書を発刊したが、それらがひじょうに多くの親たちに読まれ、私の考え方が広く普及・浸透している。その喜びは大きい。（『心の基地はお母さん』（企画室）、『子どもの心』（時事画報社）などがあり、ひじょうに広い読者層をえている。）

その研究の主旨は、つぎのようなことである。三歳までの人格形成がきわめて重要であり、むかしからいわれてきた「三つ子の魂、百までも」の意味がはっきりし、「魂」とは、意欲と思いやりの二つであり、この二つを育てておけば立派な青年になるという確信を、私はある程度までもつに至った。これも、私の子ども時代に、母親や母方の祖父から受けた影響が大きくおよんでいることが考えられる。

したがって、子どもに対しておおらかな気持ちで接すること、しつけを急がないこと、叱らないことの三つが子育ての要点になる。母親の場合には慈母ということばが該当する。慈母ということばからイメージできるものは、母親のそばにいっただけで子どもの心がなごみ、暖かさを感じとれるような人格の持ち主である。

こうした私の主張がだんだんに親たちに受けいれられていることを見聞きするにつけて、私はうれしさでいっぱいになる。

このように私の本がよく売れるということは、私の経済生活にもひじょうに役だっている。つまり、老いながらも貧しさを体験しないですんでいる。老後の経済生活の心配は四十歳から——と欧米ではいわれているが、私の場合には老年になってから安定し、こんごの老後生活にとって新しい計画を立てることができるようになった。

そのほか、六十五歳を過ぎてから私の主張をひろめるための二つの仕事が加わった。

その一つは、放送大学で「乳幼児の健康と心理」という題目で講座を担当することができたことで、現在、放映されている。この題目の内容は、私が大学において「児童学入門」として一年生に講義をしているものをそのまま使うことができた。

千葉の幕張にある放送大学にいってビデオどりをするときには、交通に一時間半もかかるので、お断わりをすればよかったと思うこともあったけれども、十五回分のビデオがそろってみると、よい記念になったと思うし、それを授業に使ったり、他人に貸しだしたりすることもできて、さまざまに利用することができるので、私の考え方の普及に役だっている。放送大学の聴講生は、毎学期三百人前後であり、試験の結果からみて、かなりよく理解できているようだ。

また、NHKの第一放送で、電話による相談を毎週、金曜日に行なっていることも、私の考え方を普及する点でおおいに役だっていると思う。ここでも私は、子どもにすべてを〝まかせる〟ことをくり返し述べているが、両親がそれを実現することによって、子ども自身が自分の力で問題から立ちなおっているという親からの報告に接することは、何よりもうれしい。子どもに〝まかせる〟ことの重要性は、私自身の三人の子どもによって証明されているし、毎週三回の相談のなかでも立証できる。NHKの放送を聞いている人たちが百八十万人におよんでいるということは、私にとっても張りあいのあることである。

いずれにしても、若いときから意欲的に生きることを体験してきたが、老後においてその体験がいかにたいせつであるかを味わっている。

第5章――私にとっての〝死〟とはなにか

夢のなかで死の宣告をうける

〝死〟について私が強い印象を受けたのは、高校生のときに〝生きる〟ことの意義についてあれこれと考えあぐみ、哲学者の高坂正顕先生に質問したところ、先生からさりげなく、「人間は、生まれたそのときから〝死〟に向かって着々と歩んでいるのです」というおことばをいただいたときである。

そのとき以来、私の心の底流には〝死〟についてのこの観念が流れつづけていたといってもよい。高坂先生のおことばを聞いたあとではなかったかと思うが、私自身が〝死〟を宣告された夢を見た。

その夢というのは、だれがどのような病気に対して〝死〟を宣告したのかはまったく浮かんでこないけれども、私はベッドにいて、その宣告を聞いた。当時は、結核による青年の死亡率が高く、中学生のときに肺炎カタルと診断されたこともあった（ただし、誤診だった）から、肺結核かもしれない。しかし、〝死〟を目前にしてまったく心を乱すことなく、あおむけになっていた。そのかたわらに、私が恋していた女の子がひざまずくようにして、私の右手を彼女の両手に包んでくれていたのである。ふと西の窓を見ると、そこにはほとんど葉を落とした柿の木がむくろのように立っていて、一個だけ残った橙色の柿の実が夕陽に映えていた。私はいつまでもそれをじっと見つめていた。そして、夢からさめた。

私が色のついた夢を見たのは、一生涯のうちでそのときだけである。夢のなかで、私は、〝死〟を恐れていなかったのは確かである。それは、おそらく女の子がそこにいたからだと思う。当時の私は、彼女との恋愛に充実感を感じていた。

そのころ、何人かの友人が集まり、同人雑誌『狼煙』を出版していた。私は小説を書いていたが、人生を〝太く、短く〟送りたいと願う気持ちがあった。〝細く、長く〟などはつまらない人生ではないかと考えたからである。その雑誌は昭和十八年ごろまで細ぼそとつづいていたが、同人の支柱であった詩人の増田晃君が出征して戦死するという悲運があって、同人はばらばらになったし、私の書きかけの小説も未完成で終わった。

その後に私も出征し、敗戦となって帰還してからの生活は、その日暮らしという状況になったから、小説を書くことへの憧憬は弱くなってしまった。しかし、この老年になっても未練が残っている。

戦争で死にとり囲まれる

出征は、〝死〟への覚悟を要請していた。私は海軍軍医として台湾にいった。終戦を迎えるまで、私は〝死〟の運命にとり囲まれていたといってよい。九州の門司の指令部に着任したわれわれ四人の若い軍医は、上官から「おまえらのうちで、一人だけ台湾へいけ」と命令され、その選出の方法については私たちにまかされた。じゃんけんで決めようということになり、その結果、私が勝って赴任することになったのである。私は、くじにもじゃんけんにも弱いし、おみくじなどは引けば、多くが凶か大凶にあたる。それなのに、そのときはなぜか勝ったのだ。あとで判明したことであるが、残った三人は海防艦という小さな軍艦にのせられたが、敵の潜水艦の攻撃を受け、一撃のもとに沈没して戦死したということである。私は、生き残りということになる。

たまたま門司港にはいった病院船に乗ることができて、無事に台湾の高雄港に着いた。当時はアメリカの潜水艦が東シナ海に密集していて、つぎつぎと戦艦は撃沈されたが、病院船だけは攻撃を受けなかった。

思い返してみると、人生には、自分の意志決定によって左右される面と、まったく〝運〟としかいいようのない面とがある。私はいろいろな意味で、〝運〟がよかったといえる。軍医学校で生活をともにした仲間で、どうしても内地に残りたくていろいろと画策した男がいる。外地へいくと、死ぬ率が高かったからである。それが首尾よく実現され、仲間をうらやましがらせたけれども、彼は岩国の駅で空襲にあって死亡したのである。

出征中、台湾では、つぎつぎと空襲に見舞われた。高雄に大空襲があったとき、それがひじょうに急であったために、私は救急嚢《のう》を手にするやいなや防空壕に飛びこんだ。その直後、爆弾がすぐ近くに落ちて炸裂《さくれつ》した。壕は上下左右に振動して、暗闇のなかに濛濛《もうもう》と煙が立ちこめたような状況になり、壕のなかにだれがいるのかもわからなかった。

その状況がだんだんに落ちつき、飛行機の爆音も遠のいたので、壕から顔をだしてみると、壕の入り口には炸裂弾にあたった一人の兵隊が無残な姿で倒れていた。腸が外にはみだしていたから、即死である。その兵隊は、私のすぐうしろから防空壕にはいろうとした男であった。彼が私よりひと足さきに壕にはいる状況が生じたならば、私が彼とおなじ運命にあったはずである。間一髪で生きのびたといえる。彼の死を悼むよりも、自分の幸運を祝いたい気持ちになったことが思いかえされる。

死は〝運〟に左右される

戦艦大和《やまと》を主力とした最後の艦隊も鹿児島沖でつぎつぎと撃沈され、日本の敗色がさらに濃くなった昭和二十年二月下旬に、私の所属する通信隊に帰還命令がでた。隊長をはじめ、隊員は大喜びであり、もちろん私もその一人であった。高雄から基隆《きいるん》に汽車でいき、そこから掃海艇で帰国することになっていた。

ところが、高雄で汽車に乗りこむ直前に、「軍医が少ないので、平井は残れ」という電報が、台北の司令部からはいった。「私だけが残される。そんなひどいことはない。内地から命令があったので、私はそれにしたがう。妻も待っている」と隊長に主張して、みなといっしょに汽車に乗りこんだ。しかし、車中で、隊長から、「軍法会議にかかったりするとまずいから、台北の司令部に寄って、あいさつだけはしておいたほうがよい」といわれ、私の荷物はすべてみなに託して司令部へ立ちよった。すると、「内地へ打電するから一晩まて」と泊められてしまったのである。

司令部の一室で寝込んでいると、「起きろ、起きろ!」という声。真夜中の二時であった。上官が枕元に立っていて、「おまえは運のいい奴だ。いま、おまえの仲間の乗った船が、SOSを発信して沈んだぞ」と言う。あまりのことに、私はまったく動転した。仲よくしていた戦友が、海底の藻屑《もくず》となって消えたのだ。

とくに戦争には、たぶんに〝運〟ということばがあてはまるようなことがある。〝運〟ということばを広辞苑で引いてみると、「天命のめぐりあわせ」「めぐってくる吉凶の現象」などとある。〝天命〟を引いてみると、「天から与えられた人の宿命」「天から定められた寿命」などとある。問題は、〝天〟とか〝天命〟とかは何か、ということである。

その後、台湾のいくつかの場所を転てんとしたが、終戦となり、比較的はやく、その翌年(昭和二十一年)の四月末に帰還した。台湾には、意外にも早く引きあげのための病院船が配船されたからである。「九死に一生を得た」ということばは私にはあてはまらないが、運よく生き延びた私は、死んだつもりになって働こうという決意をいくどかした。しかし、生きていると、なかなかそうはいかない。怠惰にもなるし、いろいろな邪念も生じる。それが、生きている人間のあり方ともいえる。しかし、そのたびに、私には〝死〟の観念が心に浮かんでくるのである。

その後もたびたび〝運〟について考える機会があった。高校のクラスメイトで、ストレプトマイシンが薬として使われる少しまえに肺結核で死亡した者がいたが、このすばらしい薬のおかげで生命《いのち》をとりとめ、その後に社会的な活動がさかんになった友人もいる。そのような〝運〟とはなんであろうか。人知のおよばないところでなんらかの力が働いているとしかいいようのない例もある。長生きすることができるかどうかには、この〝運〟が働いていることが多い。

親戚の男性で、健康を誇っていた男が、足さきの痛みを訴えるようになり、各種の治療を受けたがなおらず、肺ガンが転移していることがわかった。それが判明して以来、最善の治療をしたが、ついに死亡するに至った。二十年後にはガンの治療薬が完成するともいわれているが、それ以前にガンで死ぬのも〝運〟である。

晩年になると、いつ、どんな病気になるか、けっして楽観はできない。私は、死ぬまで子どもの研究をつづけ、十二、十三世紀ごろにヨーロッパで大学がはじまった当時のサロンふうの学風にもどることを考えているが、それは、けっして保障されているわけではない。

現在の健康状態はといえば、老化は少しずつ進んではいるが、これと名のつくような病気がなく、常用しなければならない薬はない。ただ、二十年まえに富山にいったときに知人から勧められて「六神丸」だけは連用している。それは、この漢方薬を飲みはじめてから、疲労を感じることがほとんどなくなったからである。しかし、心理的な作用のほうが大きいかもしれない。薬には、たぶんに心理的な作用があるからである。また、疲労を感じないというのは、人間としてふしぜんなことなのかもしれない。

〝死〟を見つめ、〝生〟をふくらます

〝死〟については、「あらゆる生命の目的は死である」として、われわれが生きていることの究極の目的を〝死〟と考えている哲学者や宗教家が少なくない。〝死〟が目的であるとすると、それがいかなる意味をもっているかを追求する必要があるし、〝生〟の意味をも問わなければならない。〝死〟を平安と見て、〝生〟は人間にとって仮の宿であると考えるならば、〝死〟におもむくことを痛惜する必要はないということになる。あるいは、「生命の中に死が含まれ、死の中にも生命が隠されている」(鎌

田東二）という考え方もある。これは、後述する彼の「翁童論」に関係する。

私が四十歳代のときに、医学部の級友が、毎年一人ずつ死に、それが三年間つづいたことがある。クラス会のたびごとに黙禱《もくとう》が行なわれたが、彼らが日ごろ健康なからだの持ち主であったこと、そして、彼らの子どもたちがまだ学業途上にあったことなどから、多くの友人が暗然とした気持ちになったものである。そして、つぎはだれの番だろうかなどと顔を見合わせたし、それをふりはらうように「飲もう、飲もう」というかけ声がだれからともなくいいだされた。

一般的にいえば、多くの人間が、「死にたくない」と希望するであろう。それはなぜか？　一つには、〝生〟に対する執着が強いからであり、その執着は生きていることがなんらかの喜びに通ずるものだからである。もう一つは、〝死〟によって現世から消滅することになり、それは闇の世界におもむくか、まったく無に帰することとなり、そのように考えると、強い寂寞《せきばく》を味わうことになるからである。それから逃れようとして、古来、不死の薬物などを求めてきた人間の意識は、おおいに理のあるところである。

また、自分の〝死〟によって、周囲にいる家族やその他の人びとに〝悲しみ〟を与えることを思いやって、死にたくないと思う人もいるだろう。しかし、すでに述べたように、生を受けた以上は、遅かれ早かれ〝死〟が訪れるのが、人間としての宿命である。

そこで、人間としては、どうしても〝死〟の意義について考えなければならない。そして、〝死〟を恐れることのないような、さらには〝死〟を喜んで受けいれることのできるような人格にまで高めなければならない。そのためには、幼いころから〝死〟についての教育をすることが必要である。その結果、「〝死〟に対して諦めたり、逃げたりしないで、真正面から死を見すえることのできる人間となる。

しかし、〝死〟を見すえたときに、「死と全力をもって戦う強い人間になる」（鎌田東二）か、〝死〟をありのままに受容する人間になるかは、検討を要する課題である。〝死〟を見つめることによって、〝死〟までの生き方を充実させる努力が生ずれば、老いても生きいきとした毎日の生活が実現できるであろう。

〝死〟を見つめるためには、一つには宗教が大きな意味をもち、信仰を通じて死後の世界と触れあうことができる。また、自然を愛することが生死にかかわる大きな問題につながり、自然のなかに死後の世界があることを感得して、それを信ずることも可能である。

死に臨む叔母のきびしさに驚く

しかし、一方では、〝死〟は肉体が死滅することであり、その人間が〝無〟に帰することであって、それ以上を考える必要はないという考え方もある。

私の叔母《おば》は、ひじょうに個性的な画家で、日本画を洋画ふうに表現することに熱意を示していた。信州に小さな小屋を作って、そこに一人で滞在しては、絵を描いていた。

私も高校生のころ、人間ぎらいとなり、その山小屋に一人で住んだことがあるが、四、五日もいると、何かバタンという音がすると、だれか来たかなと人恋しく思うようになり、一週間もいられずに町へくだってしまった。まったくの一軒家で、川のそばの小さくて粗末な宿屋までは十分もかかったから、孤独な生活を楽しむにはよかったが、女性一人で生活するにはひじょうな度胸を必要とした。そして、叔母は度胸のある人であり、私はいろいろな面で影響を受けた。

ところが、終戦後まもなくガンになって、一年あまりの養生のかいなく、死んでしまった。しかし、死期がまぢかいことを知ると、まず、自分の描いた絵をすべて人に頼んで焼いてもらった。どういうわけか一枚だけが私の家に残っていて、私はそれを玄関にかけて叔母を偲《しの》んでいるが、おそらく叔母がそのことを知ったならば悲しむのではないかという思いがしている。焼いてしまった絵のなかには、展覧会などで入賞した絵がたくさんあり、たとえば、子どもが手鞠《てまり》で遊んでいる絵は、私がほしかったものの一つで、いまでも脳裏に刻まれている。

自分の絵を残そうとしなかった叔母の気持ちはどこにあったのだろうか。理想を求めていた彼女は、その理想に達していない絵は残したくなかったのであろう。山小屋でいっしょに生活したこともあるが、すばらしい花のデッサンをなんの惜し気もなくビリッと破くことが何度もあり、そのきびしさに驚くと同時に、絵を描いてみたいという私の気持ちはすっかり砕かれてしまったのである。

〝死〟をまえにした叔母が、死後のことについて私に懇請したのは、焼いたあとの灰を山小屋付近に撒《ま》いてほしいということであった。そこには自分がこの世に存在したことすら否定したいという思いがこもっていた。そのことを彼女の兄である父に話したが、まったくとりあってもらえず、結局は実現できなかった。これも私としては心苦しく思っている。

生きたアリバイを残したい

自分のこの世における存在をいっさい〝無〟にするという考え方の持ち主がこれまでにもいたかどうか、勉強不足の私は知らないが、これから勉強してみたいことの一つである。多くは、なんらかの方法で、自分がこの世に存在したことのなんらかの証拠を残しておきたいと思うであろう。最近、自分史を自費出版している人がふえていると聞いている。大学の医学部の教授であった人たちのあいだでは、自分の業績とその研究室にいた人の業績などを立派な本にすることが定石になっている。

しかし、それが後世にたいして、どれほどの意味をもっているのだろうか。墓石には戒名が刻みつけられるであろうが、それが後世に残っても、子孫との結びつきができるだろうか。私などは、祖先が徳川家にくっついてきて江戸に住むようになってから十四代目にあたるが、曽祖父母より以前の祖先になると、まったく印象がないから、偲《しの》ぶこともできない。過去帳が残っているが、それをめくってみても、なんの感興も生じない。

私の場合には、数多くの本をそうとう出版しているから、それが残るであろう。それが不滅の価値をもっていれば、後世の人びとにも読まれるであろうし、古典としての価値が生ずるであろう。

しかし、終戦までの作家の書いた小説などは、仮名づかいや漢字などが変わってしまった現在、若い人びとには読めないものになっているし、とくに教育にかんしては、時代的な背景があって、たとえば、わが国が真の民主的な社会となり、家庭もまたその風潮に染まり、各人が〝自由〟の本質を理解するようになれば、私の発言はあえて必要がなくなるであろうから、人びとから読まれなくなるであろう。その日はいつ訪れるであろうか。その日になって、昭和五十年代に当時の社会や家庭に対して適切な発言をしていた平井という男がいたといった感想をもつものがいれば、私は墓のなかでニンマリと笑うことができるかもしれない。

その点で私が驚嘆したのは、羽仁もと子の家庭教育論である。私の家には、戦前に発刊された『羽仁もと子全集』があり、私が自分の子どもを育てるにあたり、さらには幼児教育に強い関心をもつようになった昭和二十年の前半に、そのなかの二巻に書かれている家庭教育論を読んで強く心を引かれた。また、それらの論文が明治の終わりごろに書かれたのを知って、彼女の先見の明にびっくりしたことを思いだす。私は、今日もなお、その全集を、『西田幾太郎全集』や『和辻哲郎全集』とならべて書架に飾っている。

生まれたときから死にむかって歩む

〝死〟については、これからもいっそう勉強する必要があるが、私の場合、信仰と結びつくかどうかは疑問である。若いころ、敬虔《けいけん》な仏教信者である母方の祖父に連れられてお寺めぐりをしたし、仏教にかんする講話を聞いて心を引かれもしたけれども、信仰をもつまでにはいたらなかった。

また、終戦後、二年間にわたって毎月何回か、牧師から聖書の話を聞く機会に恵まれた。しかし、門を叩いたけれども、扉は開かれなかった。最後にそのことを牧師に話したところ、「きみは、きみの生き方をたいせつにすればよいでしょう」と言われ、そのことばは今日まで私の心に残っている。

長男がカトリック信者になったから、墓を守る立場から降りたことになるし、次男は家系などを継ぐ意志がないから、寺との関係をどのように維持していくかまったくはっきりしていない。私には、墓を守り、家を継ぐといった封建時代の考え方がなく、その影響が子どもにもおよんでいるから、死後の私が子どもたちからどのような扱いを受けるかわからないけれども、私自身にも子どもたちに対する注文がまったくないから、結局はどのようになってもよいということになる。

したがって、問題は、私自身がどのように〝死〟を迎えるかにかかっている。老衰のように、枯れるように死んでいくことができ、大往生ということになればさいわいであるが、ガンになって苦しい思いをしたり、脳卒中のために手足が不自由になったり、あるいは、恍惚《こうこつ》になったりするかもしれない。そのときどきのからだの状態によって、〝死〟の迎え方はちがってくることも考えられる。そのようでは、〝死〟をほんとうに考えていないことになると非難されそうであるけれども、その非難は、たしかにいまの自分にはあてはまる。

ただし、なるべく長生きはしてみたいと思うけれども、〝死〟を恐れたり、死にたくないといった思いはまったくない。人間は、生まれたときから〝死〟に向かって一歩一歩、きちっと歩んでいるのだから。

そして、現在は山と積まれている研究を整理するための仕事と、そこから派生した研究の仕事、さらには私の考えを受けついでもらう人びとを養成する仕事に追われているために、〝死〟について真正面から考える時間的なゆとりがないのである。それらの仕事のなかばで、とつぜん〝死〟が到来しても、それはそれまでのことであり、死ぬまでにぜったいにこれだけはということはない。

〝死〟までの仕事の整理については、二年まえからはじめているが、それについては後述する。

第6章――〝死に方〟を準備する

狭心症で死にたいけれど……

五十歳代になったときに、「実地医家の会」の一月の例会において、二年つづけて〝死〟の問題がとりあげられたことがある。その席で、脳軟化症で死亡した老人の脳の顕微鏡標本を示して、脳細胞がガラスのように変性しており、ぜったいに回復する見込みがないということを証明した医者がいた。ガラスのように変性したというのは、細胞が崩れて、その形を失った状態であり、当然、その部分の機能を失っているということである。

私の父親も脳軟化症でこの世を去ったが、死ぬ三年まえからお金の単位がおかしくなり、最後の一年間はまったく現状の認知ができず、夜中にも家をでて歩きまわるようになり、われわれは目が離せずに不安な日々を送ったものである。現状の認知ができないというのは、たとえば、食事をし終えても、それをすぐに忘れてしまったりすることで、間もなく食堂に顔をだして、「お食事は？」と聞くので、私の妻はいつでも食事ができるように用意をしておかなければならなかった。

また、自分の家にいるのに、他人の家にいると思いこみ、「失礼しましょう」などと言って玄関からでかけようとしたり、「人力車の用意ができていますか？」などとその意識が明治時代にもどってしまったような発言があったり、息子の私を校長先生と呼び、朝のあいさつに現われたりした。とくに夜中に家を飛びだして出歩くようになったので、鍵を厳重にしたが、それを巧みにはずした。そこで、戸口を釘づけにしなければならなくなったが、鍵があかないとなると、戸に体当たりをし、真夜中にガラスの壊れる音でびっくりして目をさましたことも何回かある。

こうした状態が一年間ほどつづいて他界したが、家族の者はその死をいたみながらも、ホッとしたものである。この状態が二、三年つづいたり、十年におよぶ例もあり、その間、家族は、落ちついた生活をすることができなくなる。

私の親戚の年寄りは、どういうものか、ガスの栓をあけて歩くので、その家の主婦は神経症になって、ついに入院してしまったほどである。また、行った先ざきで嫁の悪口をあれこれと言う年寄りがいて、親戚の者たちは、はじめはよほど悪い嫁だと思っていたという例もある。とにかく、脳軟化症の年寄りをかかえた家族は、おちおち生活のできない状況に追いこまれてしまい、ついには施設へいれなければと思うようになるが、それもかわいそうに思えてきたり、親戚の非難を恐れてふんぎりがつかないでいる家庭もある。

じつは、父の母（私の祖母）は脳卒中で三年間も下半身不随の状態にあった。しかし、気が強く、他人のすることが自分の意にかなわないと大声で叱りつけ、わめいた。それらを見ていた父と私は、「脳卒中にだけはなりたくないね」と話しあったものである。

ところが、周囲のものに迷惑がかかることを考えると、脳卒中とともに脳軟化症もまた、私にとってはかかりたくない病気になった。ガンも強い痛みに襲われて喘《あえ》ぐことがしばしばあり、ガン細胞によってからだがだんだんに蝕ばまれることを思うと、惨《みじ》めな感じがするし、周囲の人びとの悲嘆もひととおりではない。

いったい、なんの病気で死ねば、他人に迷惑がかからず、また、自分にも苦しみが少なくてすむのだろうか。それらについて考えているときに、職場の先輩で、女子大学のバレー部のリーグ戦の大会を組織し、それを隆盛にまで導いた人が、大会の表彰台で表彰状を渡しているときに、狭心症で倒れたのであった。年齢も七十歳のなかばに達していたと思う。彼の友人は、「男子の本懐だ」と言った。

私も同感であったので、それから狭心症で死ぬことを考えるようになった。それには、狭心症になる努力、つまり、狭心症になりやすい条件を実行にうつせばよいことになる。そこで、その点について研究してみたのだが、そうかんたんに狭心症になれるものではないことがわかった。また、心電図にその徴候が現われたあと、ヘルスメーターを着装して発作を予知しようとしている人のなかには、たえず不安をもって生活していたり、かんたんに死ぬことができずに病床につき、家族に迷惑をかけていたりする人もいて、自分の思ったとおりに死ねるものでないことを知った。宿命といえる。

自殺もまたむずかしい

〝死〟にいたる病気を選択することはひじょうにむずかしい。そこで、私は、〝自殺〟の問題を考えるようになった。つまり、それは自分自身で〝死〟を選択する唯一の方法である。〝死ぬ〟方法もまた、自己選択の対象になるのではないか。

その点で、わが国でも有名な学識のある女史とある会合で隣席になったときに、「お医者さんていいわね。自分で〝死〟を選ぶことができるんだから」と言われたことが、印象的であった。それは、ちょうど有吉佐和子さんの『恍惚《こうこつ》の人』が多くの人びとに読まれていたことと関係する。その女史は、「家族のなかのもっとも信頼できる者に、〝自分のようすがおかしくなったときに飲ませてほしい〟と言って、自分で処方した劇薬を渡しておくことを、医者ならばできる」というのである。

飲ませてくれる人には、その薬が劇薬とは知らされていないのだから、殺人にはならない。脳軟化症がはじまると、〝自殺〟を考えていた人も、それをまったく忘れてしまうから、健康であるときに託しておく必要がある。しかし、いつその状態になるか予知することができないから、その薬を家族に渡す時機をいつにしたらよいかが問題となる。また、その薬を飲ませたことがあとでわかったときには、その家族は罪の意識にさいなまれることになるだろう。

「実地医家の会」の〝死〟を考える会には、禅宗の坊さんも招かれていた。その坊さんは、えらい坊さんたちの最期の状態についていろいろな事例について話したが、死期を予知した高僧が洞穴に籠《こも》って座禅を組み、飲まず食わずで死んでいく例について話された。これを〝遷化《せんげ》〟という。私は、〝自殺〟とおなじものと考えてもよいのではないかと思い、その坊さんに、「私も、いま、遷化について考えているのですが」と言って、私の〝自殺論〟を述べたところ、彼はまったく冷静な顔つきで、それには〝修業〟をしなければならないし、仏教には〝死〟ということばのないことを語ってくれた。

〝修業〟となると、おいそれとできるわけではない。私は〝遷化〟を断念しなければならなかったが、〝自殺〟についての考え方は、今日もなお念頭を離れない。いずれにしても、周囲のものに迷惑をかけるような死に方だけはしたくないからである。

葬儀に使う写真はこれにきめた

〝死〟について考えているうちに、自分の葬儀のデザインを頭に描くようになった。葬儀をきらう人もいるが、私は、私を慕ってくれる人びとには〝別れ〟のあいさつだけはしたいと思っている。それには、第一に写真が問題となる。みんなに笑いかけている顔がよい。候補が三つできた。

一つは、ワイングラスを口にあててほほえんでいる顔写真であり、職場の同僚が写してくれたものである。この写真であれば、私が酒をこよなく好み、飲みながら楽しい雰囲気をつくりだし、しばしば女の子にキスをしてまわる人物であったことを思いだしてほほえんでくれる人が少なくないであろう。

もう一つは、切手帳をひざの上においてにこにこしている全身像であり、郵趣協会の人が写してくれたものである。切手帳を父親から譲られて、その収集をつづけているが、それが第一の親孝行になったからでもある。

もう一つは、タバコをくゆらしている写真である。タバコを今日もすっているのは、肺ガンの研究者たちの統計学に対する反抗である。私は、統計学がきらいであり、タバコがあまり好きでもないのにすっているのは、第一に反抗心による。彼らは、統計学的な技法を用いて有意差を示し、あたかもそれがガンの原因であるかのように力説しているのはまったく不愉快である。

タバコが肺ガンの原因であると述べた初期の統計学では、紙巻きタバコをすっている人がすわない人の五倍であるけれども、葉巻をすっている人の肺ガンにかかる率はタバコをすわない人とあまりちがわない。そうなれば、タバコが原因ではなく、紙が悪いということになる。統計学によって示されたデータは、因果関係を示すことにはならない。タバコをすっている人で肺ガンにならない人や、タバコをすわないでも肺ガンになる人についてもきちっと説明してくれなければならないのに、それを怠っている。

二十五年まえになるが、私は小児科医として離乳をきちっとするように説いていた。それが子どもの身体発育にとって望ましいからである。ところが、母乳を長期にわたって吸わせていた母親のほうが乳ガンにかかりにくいから、離乳をおくらせるほうがよいと説いた医者がいた。これも、統計学から言いだしたことであり、そのために栄養障害を起こす子どものいることを無視した発言であり、私はこれを〝統計学公害〟と呼んだ。とくに数字で示されたものは、いかにも科学的であるかのように思えるから、恐ろしい。

さらに、タバコは、会議のときのいらだちを鎮《しず》めることにも気分の転換にも役立っている。私がタバコをくゆらせているその写真を見たものは、あの爺さんは年をとっても反抗心が強かったなあ――と私のことを思いだして、ニヤニヤしてくれるかもしれない。

以上の三つの写真のうち、どれを選んだらよいか。それぞれが私にとって重要な意味をもっているから、三枚の写真を並べて飾ってもらうのも悪くはないような気がしてくる。

私の最後の人生といえる葬儀のデザインを、これまでにはないような破格のものにしたいのも、私の反抗心のあらわれといってもよい。あの爺さんは死ぬまで反抗心に燃えていたと、参列した人たちから思われるのも楽しい。

ピアノ曲と花に飾られて

さらに、葬儀のときに聞かせてもらいたいのはピアノ曲である。私は、若いころからこよなくクラシックが好きで、とくにロマン派の音楽、そのなかでもロベルト・シューマンの曲を愛している。高校生のころに感激して聴き、今日もその感激がつづいているのがピアノ曲の「クライスレリアーナ」である。八つの曲で構成されている組曲だが、すでにその第八曲目をテープにとり、葬儀用と朱書した。この曲は、永遠に通ずる響きをもって終わるからである。

じつは、私の父は長唄が好きで、生前から「葬儀のときには長唄を聞かせてくれ」といっていたので、私は「秋の色種《いろくさ》」の一部を選び、坊さんに相談して読経のあいだ流してもらった。読経のあいだに三味線の音が流れだしたので、びっくりした人もいたが、私は第二の親孝行をしたことに満足を感じた。

私の場合、ピアノ曲であるので、それをどのように流してもらうか、坊さんと相談しておこうと思っているし、妻や子どもたちにもそのことを何回か話している。棺桶のなかでそれを聞くときのことを考えると、なんとなくうれしい気持ちがする。

もう一つは、花をどのように飾ってもらうか、である。私の花好きは十年ぐらいまえからとくに強くなって、平生の生活のなかでも、居間のなかを花で飾っている。この数年間はシクラメンに凝《こ》っている。いま、駒が根のヒュッテでこの原稿を書いているが、テラスはシクラメンとベコニアで飾られており、すずしい風に誘われ、可憐な首を振って、私の心を慰めてくれる。

花には蝶や蜂やその他の虫がつぎつぎと飛んでくる。そして、読書中の私の腕にしばらくとまっていることもあり、私はしばらく動かさないようにして、彼らの行動を眺めている。まったく動かずにしばらくじっと腕を動かさないようにして、口を私の膚につけては離している虫もいるし、脚をあれこれとさかんに動かしているものもいる。私を信頼しきっているように見える彼らは、なんともかわいい。まさに自然と対応して生活している気がしてくる。

とにかく私が花好きであることは、家族はもちろん、大学の研究室のものもみな知っているから、葬儀のときに私のデザインによる花が飾られているのを見たら、生前を思いだして祝福してくれるのではなかろうか。

また、私はユーモアや冗談が好きだから、それらのなかの傑作をテープに吹きこんでおいて、棺桶のなかから流して、参列したものに笑ってもらえれば、さらに私としては幸福であろう。このような葬儀のデザインを私なりにあれこれと思いめぐらすことは、ひじょうに楽しい。

いずれにしても、葬儀では、私の〝死〟をみなが笑顔で迎えてくれるのを期待しているのである。

私は、他人の葬式に参列するのが好きでない。それは、なんとなく悲しそうな顔をしなければならないからであり、それがいつわりであることがしばしばであるし、そのようないつわりの表情をしている人びとが少なくないからである。会場をでたとたんに、友人と大声で笑っている人さえもいる。

そうしたいつわりの行動をするようになるのは、〝死〟は悲しむべきものといった先入観があるからであろう。たしかに、長年、連れそった妻や、自分を育ててくれたと思っている子どもたちは、私の〝死〟を悲しむかもしれない。しかし、私は、妻にたくさんの楽しい思い出の残る機会を与えてきたし、子どもたちにも思いどおりの自由な生活をしてもらったから、その思い出を楽しく語ってもらいたいというのが私の希望である。私は、〝死〟を悲しんでもらいたくないのだ。

死の訪れは寿命にまかせて

もし、いま、〝死〟を宣告されたとしたら、思い残すことはないだろうか。まず、家族については、ほとんど心配がないといってもよい。妻とはおたがいにいたわりあう生活がつづいてきた。古い時代に教育を受けた妻は、まったく〝内助の功〟をはたしており、私の健康管理や身のまわりのことを全面的に支援してくれた。私は、あていどの自分自身の健康管理をしているつもりであるし、妻の健康にもあれこれと配慮しているが、妻はそれ以上に私のことを配慮していると、私は思っている。

私はまた、自分の衣服にはほとんど関心がなく、妻が見立てたもの、そして、用意してくれたものをそのまま着ている。よく服装について、「趣味がいいですね」などと人からほめられるが、私は照れるばかりであり、妻が見立ててくれたものであることを白状することもある。衣服に関心がないのは、子どもたちと体当たりの生活をすることが多く、子どもたちと泥んこになって遊ぶ衣類を着ることばかりを考えるようになったからであろう。

また、食事については、子どものころ、「男は台所にでるな」という親の教育を受けたために、調理はほとんどできない。食事はすべて妻まかせであり、「夕飯の献立は何にしましょうか?」と聞かれても、「なんでもいいよ」と答える。まったく偏食がないから、だされた料理はなんでも食べる。しかも、妻のつくった料理はひじょうにおいしい。

そうしたことが重なって、調理の能力が私にはまったく育たなかった。その点で、万一、妻のほうが先立つようなことがあれば、路頭に迷うことになる。そのことを考えると、料理の勉強をしようかなと思うこともあるが、いまさらと思う気持ちがするし、そのときにはなんとか一人でやっていけるだろう、と思ったりもする。私のほうがお先に失敬するよ、という身勝手さもあって、行動に移していないのである。

妻に先立たれたときの不安は、食事問題にあるといえるが、現在はとくにそれにこだわっていない。友人のなかには妻君より料理の上手なものがいて、多少はうらやましくもなるが、だからといって、そのような男性になる気持ちはさらにない。

私自身の子どもたちについては、三人とも家庭をもち、夫婦が睦まじく暮らしており、それぞれに子どもたち(孫たち)がいて順調に成長しているから、ほとんど不安を感ずることがない。二人の男の子たちはそれ相応に社会的に活躍している。娘婿《むこ》も誠実に研究生活を送っているし、私とはよく気があい、いっしょにいて楽しい。

子どもたちの家族とは気があったとき、いっしょに食事をするが、まったくにぎやかである。気があったときというのは、私たち老人のほうから強制することがまったくないという意味であり、なんとなくそうしたほうがおたがいに都合がよく、楽しいことが予想されるときである。

嫁と妻のあいだ（嫁姑関係）もまず順調といってよく、妻が嫁たちといっしょにいるときには笑い声がたえない。それは、妻が嫁に対して〝思いやり〟があり、嫁を非難しないからである。非難したい気持ちがおきて、それを私に話すこともあるが、私は、それは私たちの自分本位な期待過剰ではないかと話すことにしている。つまり、嫁に対してもっとこうしてほしいなどと思うようなことがあると、どうしても非難したくなる。そのときに非難をすれば、嫁はよい気持ちがしないし、だんだんにおたがいに敵対関係になるからである。いつも嫁の立場に立って考えることが必要である。

つまり、スムースな家族関係がたもたれているのは、〝思いやり〟をもち、いたわりあって生活しているからであり、形式的なことにはこだわりや気がねをまったくしないからだと思う。家庭や家族に心配がないということが、私の、いつ死んでもよいという気持ちと結びついていることはたしかである。

教え子に慕われ、囲まれて

また、私の研究についていえば、大きく分けて四つになるが、十五年つづいてきた秋田県の過疎地の子どもの研究は、学科の四人の教員にきちっと受けつがれ、さらによい研究がこんごもつづけられることが期待される。また、「自主性の構造と発達」についての研究も、後継者ができた。

ただし、三十年間つづいてきた、「ひらめ合宿」のしっかりした後継者がいない。私自身、この合宿での子どもたちから、学ぶものが多く、また、楽しい合宿であったから、三十年間もつづいてきた。しかし、研究の対象としてきちっと構成しなかったので、私の体力が衰えてきて、子どもたちに対して責任をもてなくなったいまの段階では、残念ながら廃止した。

なお、研究グループについては、大妻女子大学に異動してからつくられた「研究員グループ」は二十五人前後で構成されているが、お茶の水女子大学のときの教え子が半数を占めていて、私を慕って集まってくれている人たちであるので、討論はさかんにするけれども、底辺では信頼関係で結ばれているから、感情的に不安になることはまったくない。毎週一回、約一時間半ほど集まっていろいろと話しあっているが、私としては楽しい研究会になっている。そのなかにはすでにお孫さんのいる研究員もいれば、中年の女性、若い女性もいて、いろいろなテーマで討論をしたり、本を読みあったりしているし、その研究成果を学会に発表してもいる。

このグループは、大妻女子大学の研究室を使わせてもらっているが、私が大学を定年退職したあとには、研究員の希望があれば、自宅か適当な場所でも実現可能であるから、私が死ぬまでつづく可能性が残されている。

そのほか、外部からの参加者をふくめて十人前後で構成している「思いやり研究会」も、私の頭脳の衰えがないかぎり、つづくであろう。

年老いても研究がつづけられるということは、研究者としてはひじょうにさいわいであり、しかも、若い人たちからいろいろな刺激を受けるのも楽しい。それは、教師冥利ということばにつきる。

教師というものは、自分が教えたものにいつまでも慕われるという楽しさを味わうことができる。それには、教師としての生活のなかで、教え子を徹底してかわいがることである。かわいがられている当座にそれを感じとっている子どももいるが、その当座はあまり心に残っていないけれども、年を追って思いだされるようになったり、さらに中年以後になっての不惑といわれる状態になると、慕わしくなったりすることもある。

こうした教師冥利は、教師という職業についてとくにいえるのであって、そのほかの社会では部下に尊敬されるということはあっても、そうした例はあまり多くはないのではなかろうか。

第7章――趣味を楽しみ、研究に燃える

趣味があれば、退屈しない

私は何にでも好奇心を示すので、ひじょうに多趣味であるが、そのために趣味が深まらない。高校生のころ、友人から「おまえはディレッタント（好事家）だなあ」と言われたことが、ついにあたったといえる。

●――クラシック音楽は生活のうるおい

クラシック音楽は、私の毎日の生活をうるおしてくれる。ロマン派の作曲家のものがとくに好きであるが、古典派にもおよび、その範囲はさらにひろがっている。この十年間は、ステレオの機械がひじょうに進歩し、ＣＤも普及してきて、音色がひじょ

うによくなって、楽しさも増した。

私の場合は、カセット・テープを安く買ってきて、FM放送からオン・エアーすることが多い。そして、自分なりに編集する。そのために作業量が多くなり、テープがたまったりすると、一日がかりで整理しなければならないこともある。また、私の気にいらない解説者の声をできるだけいれないようにする工夫にも手間がかかる。日中の放送のオン・エアーにはタイマーを使っているが、帰って聞いてみると、録音されていないことがある。それは、私がタイマーの手順をまちがえるからであり、これは〝老い〟と関係している。

四年生の孫が、「わたしのおじいちゃん」という作文のなかで、「集めるだけで聞いていないのだとわたしは思います。それは、〝なにしているの〟と聞くと、だいたいの時は、〝カセットに音楽をとっているんだよ〟と言うからです」と書いていた。

●――シクラメンを東京で越夏させたい

もう一つの趣味は、贈られた花や買った花で部屋の内外を飾ることである。とくにこの十年間、シクラメンに興味をもつようになったのは、駒が根にヒュッテを建てて、夏の休暇をそこで過ごすようになったことが契機である。たまたまシクラメンの農場を経営している若い夫婦から、九月に鉢をプレゼントされたことによる。シクラメンの花は暮れから正月にかけて楽しむものとばかり思っていたが、すでに九月から、一輪咲き、二輪咲き、といったぐあいに可憐な姿を見せてくれる。それらはやめにもぎとるのであるが、もぎとった花を一輪ざしに飾っておくとひじょうに楽しめる。それまでは、正月ごろにいっせいに花が咲くのを楽しんでいたのだが、それ以前に三か月間も楽しめることが気にいったのである。

それ以来、シクラメンを中心に居間を花の鉢で飾るようになったが、なんとかして東京で越夏させたいと思い、その努力をはじめた。暑い夏の東京では球根がくさってしまうのだが、庭のもっともすずしい場所においておくことで、いく鉢かは越夏するようになった。しかし、手入れが悪いのであろう、開花しない。これからの研究が必要である。東京でも越夏する種類ができるかもしれない。ことしは十一鉢が越夏した。この研究は死ぬまでつづくであろう。

●——親孝行からはじめた切手収集

さらに、私には切手収集の趣味がある。しかし、これはもっとも怠けている趣味である。それには理由がある。

私の父は、子どものころから切手の収集をはじめ、相当な量の内外の切手をもっていた。私は、父に対する反抗心が強く、父のような人格にはなりたくないと決めていたから、父の趣味にはまったく興味を示そうとしなかった。晩年になって父は、収集の意欲が減退した。それは、整理がたいへんだからである。そこで、私の子どもたち（父からすれば孫たち）が一時的に切手に興味をもったことがあったので、彼らにそれを譲ろうとして交渉した。ところが、そのころは、もうスポーツに興味を移していた彼らは、おじいちゃんからの誘いに応じなかった。そのとき、父がいかにも悲しそうな顔をしたので、一つぐらいは親孝行をしなければと思って、私が引きうけたのである。そのときのうれしそうな顔がいまでも目に残っている。

新しく発行される記念切手はもとより、自分なりに〝子ども〟〝童話〟をトピカルにして、西ドイツ、オーストリア、スイスなど私の友人が多くいるドイツ語圏内の国ぐにの切手と、父が多く集めていたデザインのすばらしいフランスものを加え、その後さらに国連切手を加えて収集してきた。

これらをきちっと整理するとなると、なかなか時間がかかる。とても手がまわらない。はじめはがんばってやっていたが、現在は分類して箱のなかに入れるだけといった状況になってしまった。たまればたまるほど整理しにくくなる。どんどんと切手は郵趣協会から送られてくるし、ストップをかけるわけにもいかない。そうこうしているうちに、郵趣協会の顧問にされてしまった。

しかも、現在は、さらに頭をかかえている状態にある。細かいものの整理がだんだんにおっくうになってきているからである。とても顧問などといえる状態ではない。趣味などといってはいけないような気さえする。

●――野鳥の声に魅せられる

さらに、昨年（一九八七年）の三月からは野鳥にも興味をもちはじめている。これは、わが家の庭先に餌台を作ってから、身近に十種類以上の野鳥を観察できるようになったからであり、駒が根のヒュッテでもたくさんの小鳥と出会うからでもある。

そこで、野鳥の会に入会して、勉強をはじめた。望遠鏡も買い、観察をはじめたのであるが、鳴く声はしても、なかなか姿が見えない。そこで、鳥の声を吹きこんだカセット・テープを手に入れてそれを聞いてみたが、なかなか鳥の名まえがおぼえられない。地鳴《ぢな》きと囀《さえず》りとがあるし、囀りも朝の三時と五時ではちがう。そうなると、記憶力が衰えているいまとなっては絶望的な感じさえしてくる。しかし、これは気長にかまえて勉強するよりほかに方法はないし、そうこうしているうちに死が訪れるであろう。

●——趣味を生かして、自然の死期をまつ

このようにいくつもの趣味があるので、これからの人生で退屈することはまったくないと思っている。おそらく、視力はだんだんに衰えていくだろうし、耳も遠くなっていくであろう。耳が遠くなれば、音にかんする趣味は力を弱めるかもしれないが、目に頼った趣味を生かすことができる。目が弱くなれば、耳に頼った趣味を生かすだろう。足が弱くなっても目や耳の衰えが少なければ、それらを利用するだろう。切手の整理などは、あるいは若い同志に手伝ってもらうことも可能である。

老いればからだの機能の衰えは必至であるが、そのときどきの機能の状態におうじて自分の趣味を生かすことを考えればよい。どの趣味が残るかはわからないが、多様な趣味をもったことを喜んでいる。

病院で死ぬのはまっぴらご免であるから、からだが弱ったときのことを考えて、四畳ほどのサンルームを自宅の南側に増築した。天井の半分がガラス張りなので、そこでロッキング・チェアーに寄りかかりながら、空を流れていく雲をながめるのはじつに楽しい。小鳥や虫も訪れてくれる。この部屋を私の死に場所にしたいと願っている。

じつは、私の父も母も入院をいやがったし、私も親を病院などで死なせたくなかった。

父の死後、三年して母が亡くなった。母はだんだんに容態が悪くなっていったが、妻を中心に看護にあたり、娘もじつによく手伝った。私や息子たち、つまり男性たちもあれこれと気をつかい、自分たちでできる援助をした。主治医がいて、よく見舞ってくれたし、私は過剰な治療をしないでほしいと頼んでおいたから、自然のなりゆきにまかせて死を迎えるように配慮してくれた。父も母も家族に見とられながら畳の上で死んだ。十五年まえのことである。すでにホスピスを実現していたといえる。

私も家族に見とられながら死にたい。延命のための治療はお断わりにしたい。自然の死期にしたがいたいのである。私は、寿命ということばが好きである。

過疎化がすすむ農村のくらしにわけいる

●——地域医療の体験が農村に関心をもたせた

私の老年期において特筆しておかなければならないのは、鳥海町における子どもたちの生活構造にかんする研究である。これは私が情熱を燃やしている対象である。昭和四十七年から研究をはじめたが、この数年間は、燃えているといってもよい。研究者として生涯を送ってきた幸福は、老年期になっても燃えつづけることのできる生活があるということである。

私は、小児科医として愛育研究所に勤めていた昭和二十年代に、年に三、四回は山梨県の愛育村にでかけて、乳幼児の保健指導をしていて、農村に強い関心をもった。もし私の故郷が農村であれば、地域医療に興味を示して努力したのではないかとも思われる。当時は列車やバスの便も悪かったけれども、それを厭《いと》う気持ちがまったくおきなかったのは、農村に魅力を感じたからである。その後、農村とかかわりをもつ機会がなかったけれども、農村をフィールドにして研究をしたい気持ちはもちつづけていた。

大妻女子大学へ移った翌年に、文部省の科学研究助成金の申請がとおり、昭和四十七年から研究が開始された。現在、農村としての問題をいろいろかかえている村として、過疎化の進んでいること、出稼ぎの多いことなどを中心に、鳥海村が選ばれた。(その後、昭和五十六年に町制がしかれた。)その研究題目は、「時代的変遷にともなう児童の生活構造の変化」というものであり、子どもたちの生活構造にどのような変化がおきているか、それが都市の子どもとどのようにちがうかについて知りたかったのである。はじめは二、三年間の研究を考えていたのだが、それが十六年間にもおよんで私が没頭したのはなぜか。

●——住民と一体となって研究をすすめる

第一に、真実を知ろうとあれこれと探索しているうちに年月がたってしまったという事情がある。母親がパートの職業についているために、母親から子どものことを聞こうとしてもじゅうぶんに聴取できなかったり、学校の教師の多くは市部からマイカーで出勤していて、子どもの生活に密着して生活を送っていないために、子どもたちの実情に暗く、頼りにならなかったりしたのである。

しかも、たとえば、質問紙法などを用いて調査を行なったのでは真実を知ることは不可能であり、どうしてもその土地に住みついて研究しなければならず、それが不可能な場合には、足繁《あししげ》く行って、何日かはそこですごすよりほかに方法がない。鳥海村は秋田県の最南端にあり、鳥海山麓で山形県との境に位置しているので、東京からは七、八時間はかかる。ちょっと行くというわけにはいかず、私には大学の仕事もあるので、いろいろ工夫をしなければならなかった。

第二には、村の教育委員会の人が、われわれの調査に協力してくれたことである。われわれもまた、研究が村のためになるように、さまざまな提言を行なってきた。その提言はただちに実行されたわけではなかったけれども、それを受けいれて実現への努力をしてくれている。そうした関係のなかで、人間関係がしだいに緊密になっていった。

その結果、児童の生活構造がだんだんに明らかになってきて、質問紙による調査がいかに表面的であるかがはっきりしてきた。統計学のきらいな私にとっては、それがいっそうたいせつな意味をもってきたことはいうまでもない。つまり、質問紙で調査して、それを統計学的に処理した研究を信頼しないようになったのである。

第三に、年をかさねるにつれて、私自身、村のために何かお役にたつことができないかと思うようになったこともある。

たまたま、障害のある子どもの全員入学が文部省から通達されたのを機会に、障害児の早期発見と早期治療に努力することになった。それには、行政面においても、保健と福祉と教育とが一体化する必要がある。私は村長に、この三つの課の課長がおなじ円卓を囲んで話しあうことを実現してほしいと提言して、それがただちに実現されたのである。つまり、役所はたて割り行政であり、縄張り争いがしばしばおきて、住民不在となりやすい。この村ではそれをなくして、子どもの幸福のために努力してほしいという私の念願が聞きいれられたのである。

障害児を早期に発見しても、その子どもの治療教育が実現されなければ意味がない。村には三つの診療所があったが、そこで診療している医師は、子どもに対する関心が薄く、地域医療の構想をもっていなかったので、私は保育所の保母にそれを期待した。

保育所の保母は、村に定住していて、子どもたちをかわいがる気持ちが強く、われわれが鳥海村を訪れると、積極的にわれわれからいろいろと学びとろうとする意欲が強かったから、われわれともよく気持ちが通いあった。そこで、障害が発見された子どもは、その年齢のいかんを問わず、保育所にお願いすることにした。その結果、保母のなみなみならぬ努力によって、子どもたちの障害が回復する例がふえてきたのである。そうした子どもたちについて、われわれの研究グループのメンバーの一人が事例研究をかさねたことも、大きな効果をあげることに役立った。

町おこしを住民と手を組んで

●——母子で絵本を読みあおう

私たちが研究をつづけている間に、村が町に変わり、豪雪のときにも除雪車の活躍によって町の幹線道路の交通は確保されるようになり、町全体に一種の活力がでてきたといえる。しかしながら、文化水準が低いことは、八千人の住民がいるのに、本屋が一軒もなく、新聞購読者が全住民の半数にすぎないという状態にも表われている。それをなんとかして改善しなければならないと思った。

そこで、保育所へ絵本を送ることを考え、幼児期から少しでも文字に親しむ機会を与えたいと願った。そして、絵本をつぎつぎと保育所に送ることにして、喜ばれている。絵本は家庭に持ち帰ることもできる。家庭にはほとんど文字文化がないから、絵本を母親といっしょに見ながら母親に読んでもらうことによって、少しでも子どもたちの文化を高めようという願いがこめられている。

さらに、幼児教育はきわめて重要であるから、保母の資質の向上をはかる必要がある。そのことを願って、私は基金を提供した。それは保母の熱意に感動したからであり、町の子どもたちの学力をつけたいと願ったからである。聞くところによると、県内でも小・中学生の学力がもっとも低い町であるという。学校の教師の多くが、この町の子どもたちの教育に熱意をもっていないから、保母に頼るしかないのである。

さいわいなことに、四年まえに東京からUターンしてきた有能な人物・原松隆さんという人が現われ、われわれと手を組んで町おこしをしようという努力をはじめた。こうした町民運動が町の活性化にはぜったいに必要である。それは、長いこと貧しい生活に慣れてしまい、文化の水準も低く、向上心に乏しい町民にとっては、まさに重要な意味をもっている。しかし、そのような人間を受けいれるだけの包容力がないために、その人の努力は並大抵なものではない。しかし、われわれがなんらかのかたちでバック・アップすることによって、道が開けるのではないかという期待感がある。

私は、町民が誇る人物をだそうというスローガンを掲げているが、それは、そのような人物がこれまでに一人もでていないからである。町の活性化を町民の手で実現することが、町民のなかから偉人を生むひとつの大きな基盤となることが考えられる。その偉人は、学者であっても、実業家であっても、政治家や芸能人であってもよい。そのような偉人は、子どもたちの〝野心〟に結びつく。「少年よ、大志をいだけ(Boys, be ambitious.)」は、子どもの教育にとってひじょうにたいせつであり、これは少女にも通ずる。

●——嫁がくる、活気のある町をつくろう

鳥海町の思春期の女の子と話しあってみると、九割までが、この町にいる気がしないというし、じじつ、多くが町をでて結婚しており、そのために独身の男性が多くいる。つまり、男やもめである。そのような男性は、封建時代からの家を継ぎ、墓を守

り、祖先からのせまい田畑を耕作するという生活を送っている。

私ならば、このような町を飛びだしてしまうか、この町の振興のために一身を賭けて、なんらかの事業をおこすであろう。そうした意欲が乏しいために、未婚のままこの町に残っている男性が少なくないのである。私が、嫁のくる町にしようというスローガンを提案したのも、こうした町の事情があるからであり、文化的な町にしたいからである。

なぜ、私が鳥海町に情熱を燃やしたのか。それは、封建的な考え方から脱皮して、民主的な考え方を町民にもってほしいと思ったからであり、このことは日本の社会に対してもっている私の願いでもあるからである。鳥海町を対象にした十六年間の研究の結果は、そこはまさに封建的な社会であり、それは日本の社会の代表的な状態を具現しているということである。日本が封建的な社会であるかぎり、国際社会のなかではだんだんに落ちこぼれてしまうであろう。

私が鳥海町に対して燃やしている情熱は社会改革をベースとしており、それをこの町で実現してみたいと考えていることに気づいたのは、じつは最近である。老年期においても、こうした社会改革への情熱が、私の生きがいとなっている。それは、子どものころからの反抗心と通ずるものがある。

第8章――〝老い〟のなかの〝幼の心〟とはなにか

「翁童論」に触発されて

人間の一生において、かならずはじめには子ども時代があり、最終的には老年期を迎えることになる。つまり、子どもと老人とは「人生の時間経過の対極に位置して」（鎌田東二）おり、誕生という現実においてこの世に現われ、死という現実によって彼岸におもむくことになる。

〝死〟を彼岸への門出と考えるか、この世からの消滅と考えるかは、こんごの私の研究によるとして、子どもと老人との類似性について、「性機能の微弱であること」と「労働から自由な消費的・遊戯的存在である」ことを、鎌田東二は、「老いのトポス――翁童論序説」（『現代思想』一九八六年一月号・青土社）のなかで述べている。そして、

子どもと老人との関係を追究するさいに、

「1――マテリアルな現実存在としての老人や子どもが、いったい、どのような身体変化ないし意識変化のプロセスをたどるのか、ライフサイクルに即して検討してみること」

「2――スピリチュアルな神話的存在としての老人や子どもの形象はいかなる性質を有し、または現実存在としての老人や子どもの存在性格とどのように関わっているかについて考察すること」

「3――個別的な現実存在としての老人や子どもと、メタファーとしての老人や子ども位相の接合点に、老人と子どもを貫く存在次元として〝翁童存在〟といいうる存在性格があることを問い、その存在性格を明らかにすること」を指摘している。

そして、老人と子どもの類似性については、さらに「生体の秩序維持――ホメオスタシス」の点で、「子どもは運動場体としての身体を、老人は逆運動場体としての身体をもち、子どもの物質代謝が活発であるのに対して、老人の身体は衰弱や失調という逆の対応をしているけれども、両者の身体には不安定な変化が見られる」と述べている。

また、精神面における両者の類似性としては、「記憶の能力に不諧調があり、幼年期の過去にさかのぼればのぼるほど、全体像・脈絡が不分明であり、このことは老化していけばいくほど老人についても言える」とも述べている。

また、両者ともに夢と現実との境界があいまいであり、〝夢見〟とか〝無意識状態〟とかが存在しているが、それなるがゆえに「直観的な把握や洞察に秀でている」として、その状態を〝一種の変性意識状態〟と名づけ、老人も子どももその状態にはいりやすいことを指摘している。

さらに、「身心の自己制御が十分にできないことからくる不安」があり、「他者依存度が増大」していることが、老人と子どもの類似点であるが、それなるがゆえに「超越への促し」が可能であるという。

また、子どもも老人も「くり返しをまったく厭《いと》わない」。そのことは、子どもでは飽きずにおなじ遊びに没頭すること、老人では昔話や伝承の保持者になることに現われている。さらに子どもと老人とは、「時計時間をもたず」、このことは「均質時間を体験しない」ことを意味し、それは「有用性・使用価値・能率性に汚染されない」ことである。つまり、「神話的時間」「循環的無時間性」ということばによって総括している。

〝老の心〟のなかには〝幼の心〟がある

鎌田東二の提唱する翁童論は、一つには童を内在化した翁としての童翁であり、もう一つは翁を内在化した童としての翁童であり、この二つは「反転した対補存在」として、「現実の老人と子どもに見えかくれし、聖性をときとして顕現させる神話的象徴」ということばで表現されている。「老人と子どもとは、人間の人生の存在過程における発端と終局をつねに暗示する存在」であり、「存在形態を透過して、誕生以前および死後の世界が透視される」がゆえに、「存在の起源ないし発端と終局とその原理を問う」という意味で「形而上学の根本問題」であり、「形而上学的風景を構成する指標」として、その重要性を指摘している。

まず、「童を内在化した翁」であるが、私なりの解釈をすれば、おじいさんの心のなかにある童心ということを第一に考えることができる。童心は「こどものような純真な心」であり、純真とは「まじりけのないこと。けがれのないこと。邪念や私欲のないこと」（広辞苑）である。

私は、子どもに体当たりしながら四十五年にわたって研究をつづけてきたが、子どもが〝善〟なる存在であり、それゆえに、人間は本来〝善〟であるという性善説に対して確信をもつにいたった。その結果、禅でいわれている「三尺の童子を拝す」が私の座右銘となったし、後述するように国学で主張されている「七歳までは神のうち」に共感しているのである。

とくに子どもの自発性の発達にとって必要な具体的な行動が、〝反抗〟〝けんか〟〝いたずら〟〝おどけ・ふざけ〟にあることを実証してきた私と共同研究者は、「いたずらっ子にしよう。子どもの反抗をたいせつにしよう。けんかのできる子どもにしよう。おどけ・ふざけを子どもとともに楽しもう」——というスローガンを掲げてきた。

これを老人との対比において考えてみると、すでに〝気がね〟をすることなく生活できるようになった年齢の老人は、歯に衣《きぬ》を着せずに自分の意見をはっきり述べてよいし、われわれ研究者としては、これまでの理論と反対の論説を発表してもよく、それについて相手と討論することの楽しさを味わうことができる。

反対するということは〝反抗〟を意味するし、討論は〝けんか〟である。また、〝おどけ・ふざけ〟や〝いたずら〟は、ユーモアとかジョーク(冗談)とかに通ずる可能性がある。子どもの場合は内発的なものであるのにたいし、老人の場合には長い人生のなかで洗練されたものであるが、いずれにせよ、心に〝自由〟がなければ現われないものである。自発性はもともと〝自由〟のなかで発達し、実現されるものであるから、子どもには〝自由〟を与え、老人は心の〝自由〟をたえず求めなければならない。

子どもも老人も〝遊び〟で育つ

さらに〝遊び〟をも問題にしなければならないだろう。老人は自分の心の赴くままに生活をすることができるから、その生活はまさに〝遊び〟といえる。ここでいう〝遊び〟とは、それに打ちこむことであって、たんなるレジャー（享楽）ではない。それについて、私は、すでに物故された教育学者と対談した日のことが思いだされる。私が、「われわれ研究者は、遊んでいるようなものですね」と発言したところ、彼から「そんな不謹慎なことを言うものではない」とたしなめられたのである。

私は、子どもの〝遊び〟のなかには〝自由〟があり、〝創造性〟の芽ばえが見られるということを研究という営みになぞらえたのであるが、彼は、〝遊び〟を学習に対立するものと考えていた。親たちが、子どもに「遊んでいないで勉強しなさい」などと命令するように、研究と対比して〝遊び〟を価値の低いものとみなしているのであった。〝遊び〟の価値を低くしたのは、貧しさから生じたゆとりのない心の現われである、と私は思っている。

終戦を迎えるまで、二宮金次郎が日本の子どもの象徴になったこともそれと関係があるだろう。そうした教育のために、わが国では、打ちこんで〝遊ぶ〟ことのできない人間をつくりだしてきた。その点で、本来の子どもは〝遊び〟の名人である。終日、遊んでいる。しかし、それが生活であり、学習であるといわれるように、〝遊び〟のなかでみごとに発達を実現しているのである。それゆえに、老人もまた、〝遊び〟に打ちこむことができれば、精神面での発達が実現されているといえる。

私は、現在、四つの研究の大きなプロジェクトをもち、共同研究者とたえず知恵をだしあったり、討論をくり返したりしている。どの共同研究者も意欲的であるから、研究会はまさに楽しく、会が終わってからは爽快《そうかい》な気分にひたることができる。また、教育についても、授業時間は学生の自主学習を中心にしたいと工夫を凝《こ》らしている。それはまだ成功していないが、たえず頭のなかにそのことがある。

朝は五時に起き、寝るのは夜の十二時前後であり、周囲の人びとから「よくからだがもちますね」と言われるが、私は「遊んでいるからですよ」と答えたり、「自分の好きなことをしているから」と返事をしたりしている。いやいやしている仕事はほとんどなく、教授会でつまらない話になるといつの間にか眠っている。その点で、居眠りの名人と見られている。

電車などに乗っているときには、ひとわたり広告に目を向けて、それらを批判する楽しみがある。

食事の場でも、好ききらいがなく、腹八分（私の場合は少食）にしているから、いつも楽しく、入れ歯でときどき苦労をするくらいである。私にご馳走をしてくれる人から「先生のお好きなものはなんですか？」ときかれることがあると、「おいしいものならなんでも結構」と答えることにしている。この答えに、相手は閉口するらしい。（私は、食事を強制されることがいやで、客に強制する習慣のない社会にしてほしいと願っている。）

子どもの心にわけいる研究へ

湯浅康雄氏によれば、「ユング（Jung, K.G.）は、子どものころから、自分の中に二つの人格が共棲していることを感じていた」という。「Ｎｏ・１の人格はユングであるが、Ｎｏ・２の人格は少年カールにはよくわからない力をもって感じられた」という。

また、三十歳代の後半には、「白い髭《ひげ》をのばし、背中に翼をつけた老人――彼は賢者フィレモンと名づけた――が現れてくるのを見た」「空想の中でこの老人と内的対話を交した」という。そして、湯浅氏は「おそらく人間はだれしも、その魂の奥に、その人をみちびく老賢者の声をもっているのではなかろうか」（以上、湯浅康雄『老賢者』から）といっている。

私には、ユングのような経験はまったくない。しかし、戦争中に三回も死を逃れたのはまさに幸運であったとはいえ、ドイツ文学科の学生から医学生になったこと、小児科医をやめてカウンセラーになったこと、五十歳のときに国立の女子大学をやめて私立の女子大学に転職したことは、私の自己決定によるものであり、私の人生にとって大きな転換であった。とくに、小児科医をやめたり、国立から私立に転職したりしたことは、一般的な見方からすれば、普通ではないと思われる転換であった。

いわゆる小児科医から足を洗ったのはなぜか。私は医学生のときに精神的なものに強い関心があり、精神科医を志向する気持ちもあったけれども、精神科で子どもを対象として研究を行なうことはほとんど不可能であったから、小児科医を選んだ。そして、育児相談を担当したり、乳児院で育児の機会をもったり、幼稚園や保育所の仕事の手伝いをしたりしているうちに、子どもの精神面の研究がひじょうに重要であることを自覚したのだった。

そして、昭和二十八年にＷＨＯ主催の「六歳以下の子どもの精神衛生」にかんするセミナーに参加したこと、昭和三十年から三十一年にかけて西ドイツに留学して、ケルン大学小児科の治療教育病棟で勉強したことが、私の決意を固める決定的な契機となった。そして、人間にとって精神面、とくに人格こそが中心であり、からだはそれをとりまいている環境であるという考え方をもつにいたった。

衣類や住居は人間の意志で変えることができるが、からだは変えることができないという点に問題はあるが、私は、心の持ち方によって、からだの意味や病気の意味がちがってくることを強調するようになった。とくに心身症において、心の持ち方によっていろいろな身体症状が現われるのは、じつに興味ぶかい。私自身の糖尿は、それを証明してくれた。

すでに述べたように、柄《がら》にもなく学部長に押されて、いやいやそれに励みながら激務をこなしていたことが糖尿をおこさせたこと、私の娘のはじめての子ども（三番目の孫）が新生児髄膜炎《ずいまくえん》で生死の境をさ迷った二か月間に糖尿が現われたこと、そのほかのときにはまったく反応がでないことが、そのよい証拠である。

いわゆる小児科医をやめて、子どもの精神的な問題についての研究に打ちこんできたことはまた、私の人格の変容にも役立っている。とくに問題行動をもっている子どもや自閉症といわれている子どもの治療教育にあたってみると、暖かくおおらかな気持ちでつきあうことがぜったいに必要であり、それには自分の神経質でこせこせした人格を変えなければならなかったのである。私が〝叱らない教育〟を提唱できるようになったのも、この経験が大きな基盤となっている。

私の研究者としての研究課題の転換は、私を幸福にしたといえる。

転職して念願をかなえる

もう一つの、国立の女子大学から私立の女子大学に職場を変えたことは、人びとからは異例なことと思われたようだ。しかし、私は、以前から自分の力を験《ため》してみたい、それには私学で私の考えを受けいれてくれる学校へいきたい――と考えていた。

たまたま大妻女子大学で学科長が二年間も欠員になっていて、だれかよい人を推薦してほしいという依頼が、先方の学部長からあった。その二年まえに、私の最初の弟子を助教授として就職させてもらっていたこともあって、私にその依頼があったものと思われる。

当時、私は国立大学の学部長をしており、ほとんど研究ができなかったし、そのうえ糖尿病という診断を受けてもいたので、私自身が異動してもよいと思った。さっそく私は大妻女子大学の学長に会って、私の希望を申しでた。そして、児童臨床相談室をつくりたい、大学院をつくりたい、付属幼稚園をもちたい——という三つの条件をだした。学長はいとも簡単に承諾してくれたので、私はさっそく職場を移ることに決心した。しかし、国立での学部長が二年目にはいったところだったので、もとの大学にはひじょうに迷惑をかけることになった。私が五十歳のときである。

転職した直後、私の長年の念願であり、国立大学では不可能に近い状況にあった児童臨床相談室が設置されたし、数年後には大学院修士課程も成立し、私の念願の二つの条件は満たされた。そして、私は熱意に燃えて児童相談を実現し、たくさんの相談員を養成することができた。

さらに愛弟子と協力しあって研究チームをつくり、それらが今日まで続いていることは、なによりのしあわせというほかはない。こんごもなお三年間は大学での研究が展開できることを思うと、わくわくするし、そのほか研究をまとめたり、そのほかの整理をしたりしたいと思い、それらをいろいろなかたちではじめている。そうなると、時間が惜しい。テレビなどを見ている暇などはないのである。

子どもにとって〝遊び〟は人生の宝物だ

以上、研究対象の転換と職場の転換という二つの決定には運命的なものがあるにせよ、決定はあくまでも私の責任において行なわれたものである。その決定がどのような内面の力によって生じたかははっきりしないが、一貫していることは、子どもの心にかんする仕事をしたい、しかも、実際に子どもたちと接触しながら研究したいという欲求からであった。

「それはなぜか」と聞かれれば、「子ども好きであるから」と答えるであろう。「なぜ子ども好きなのか」と聞かれれば、「子どもと遊んだり、子どもが遊んでいるのをながめたりしているのが楽しいから」と答えるであろう。

子どもの遊びをながめていると、その子どもの自発性が発達していればいるほど意欲的であり、創造性の芽ばえが見られて、はっと驚かされることが少なくない。その感動を味わえるのがじつに楽しい。それが私のなかにある意欲や創造性をゆさぶるともいえる。

国立大学にいたときには、私の研究室は幼稚園のなかにあったので、半日は子どもたちのにぎやかな声がしていたが、一度もそれをうるさく感じたことがなかった。

また、孫たち八人が集まって私の部屋で大騒ぎをすることがしばしばある。多少はうるさいと思うときがあって、「お静かに願います」などと頼むことはあるが、そのかけ声で静かになることはほとんどなく、あきらめて彼らの遊びをながめているうちに、そのエネルギーに驚嘆したり、遊びの楽しさに心をひかれたりしているのである。子どもはあと片づけをきらうので、孫たちが散らかしっ放しで私の部屋を立ちさったあと、私はあと片づけをはじめ、ほうきで掃除をすることになるが、それが少しも苦にならない。それは、子どもたちの遊んだ足跡をも楽しむことができるからである。四、五年まえまでを思いかえしてみると、私は、孫たちといっしょになって騒いだり、散らかしたりして遊ぶ楽しさを味わっていたのであるから、童心がいっぱい残っていたともいえる。

「ひらめ合宿」が三十年間もつづいたのも、子どもたちと夢中になって遊ぶ楽しさを味わえたからである。合宿の設営はひじょうにたいへんであり、合宿中に走ったり、飛んだり、はねたりすると疲れはしたが、また、すぐに合宿をしたいという気持ちがわいたものである。

こうした子どもたちとの遊びが楽しいのは、私が子ども時代にほとんど遊んで暮らしていたからであるといってもよい。海岸の近くに住み、裏手は山になっていたから、自然という素材はじつに豊かであった。とくに夏休みには、母のきょうだいが十人もいて、いとこたちがつぎつぎとやってきたから、宿題をする暇がないほどに遊びで忙しかった。

朝は六時に起きて海で泳ぎ、昼間も泳いだり、野球をしたり、夜は夜でいろいろな楽しい遊びがあった。遊び疲れてあとは寝るだけという生活がつづいたから、宿題は夏休みの終わるまえの三、四日間で泣く泣くやるといった状態が毎夏のようにくり返された。なかなかはかどらないからである。母が「毎日、少しずつやっておけば、泣かなくてもすんだのに」といってくれたが、その時間がとれないほどに遊びで忙しかったのである。その結果、五年生のときには三〇〇〇メートルの遠泳に参加して〝一級〟をもらうことができ、人生の宝物を得たのである。しかも、〝遊び〟の本質を体得したといえる。

夢中になって〝遊ぶ〟ことは、それがそのまま人生の学習になるという実感は、いまでも心の底に残っている。そのさいの〝遊び〟は大人のレジャーとは本質的にちがっている。子どもにとっての遊びは、余暇の利用ではない。私が「翁童論」を展開するならば、〝遊び〟を中心として具体的に述べることになろうし、構造論的にはそれに「意欲」や「創造性」が加わるであろう。観念的な「翁童論」ではなく、ひじょうに具体的なものから出発して論を展開するであろう。近く、その仕事をはじめたいと思っている。

なお、四歳前後から急にさかんになる〃おどけ・ふざけ〃に興味をもった私は、山田まり子といっしょにその研究をつづけているが、この〃おどけ・ふざけ〃が大人のユーモアやジョークの出発点ではないかという仮説をたてている。日本では最初の研究であり、研究自体がひじょうに楽しいのは、私がユーモアを楽しみ、ジョークを飛ばすことが多いからではないかと考えている。

〃笑い〃がからだの健康にとってひじょうに好ましいものであり、病気を治癒する力もあることはすでに指摘されているが（デーケン神父）、〃笑い〃は精神衛生の面からみてもきわめて大きな意味をもち、わが国でも古くから「笑う門《かど》には福きたる」といわれている意味とおなじであろう。デーケン神父は、「ユーモアは愛に通ずる」とさえ述べているし、欧米ではリーダーシップを取るものの資質としてユーモアがあげられている。

子どもたちの〃おどけ・ふざけ〃は文化的には次元の低いものであり、大人の駄《だ》洒落《じゃれ》に近いものであるが、ユーモアにまで発達するものであることを私は感じとっている。それが、私にとっても子どもたちの〝おどけ・ふざけ〟を楽しむことのできる要因と言える。「翁童論」も、このような面から追究することができよう。

私なりの「翁童論」を展開したい

「翁童論」のなかに「七歳までは神のうち」ということばが引用され、「四歳ごろまでは前世のことをよく覚えていることは、子どもが無意識のうちに露わにする過去性や霊界の記憶があることを意味しており」と書かれているが、これは子どもには神性があると言いかえることもできる。鎌田は、「子どもと老人は、死としての誕生、および誕生としての死という逆対応の世代として位置しながら、そのスピリチュアルな次元との関わりにおいて相補的な協同性を示している」と述べ、〝翁童〟の要素としてつぎの七つを掲げている。

①――彼岸と此岸に相互に橋架けるもの。
②――民俗社会のストレンジャーであり、ストレンジ・ストーリー（奇《き》譚《たん》）を語るもの。

③——繰り返しを厭《いと》わず、遊びに満ちるもの。
④——異界の時間に出没し、変化し、巧まざるヒューモアをもって風の笑いとともに来たり、去るもの。
⑤——全宇宙を包むひとつらなりの巻物の開閉。開けば翁《おきな》、巻けば童《わらべ》。
⑥——道の自然学、魂のエティカに静かに導く船。
⑦——非記憶の場所。

これらについて私の感じたことをいくつかあげておきたい。

第一の問題は、「四歳ごろまでは前世のことをよく覚えている」と述べているが、それが具体的にどのような状態であるかということを、子どもの研究者としてはぜひ知りたいところである。また、それは〝無意識〟のうちにあらわれる過去性や霊界の記憶ということであるが、〝無意識〟であるにせよ、過去性はどのような言動となって現われてくるのか、さらに、霊界の記憶とはどのような内容のものかについても知りたいところである。私は、前世を否定はしないけれども、それを具体的に感じとっていないし、形而上学的な面についても興味が強いので、それらについて知りたいという気持ちは切実である。

第二には、鎌田氏が前世と来世とを信じているがゆえに、そして、〝神性〟を信じているからこそ、「死としての誕生、および誕生としての死」という逆対応の世代という構想が生じ、〝翁童〟が「彼岸と此岸に相互に橋架けるもの」になるのだろう。

第三に、「遊びに満ちる」という点については、すでに述べたように、私の中心課題であるが、「繰り返しを厭《いと》わない」という点については、子どもの行動と老人のそれとでは意味がちがうのではなかろうか。

第四に、ヒューモアと笑いについては、私の関心のひじょうに強い課題であるが、「異界の時間に出没し」ということになると、私にはまったく理解できない。

第五には、「民俗社会のストレンジャー」「全宇宙」「道の自然学」「非記憶の場所」などについては、不勉強な私にはまったく理解できないことばである。

「翁童論」は、〝老い〟の経過をたどり、やがて〝死〟が訪れるはずの私にとって、ひじょうに興味をひく課題である。この課題を解決することによって、彼岸が開けるかどうか、また、此岸が〝仮の宿〟といえるかどうか、私にとっては解決しなければならない大きな課題となるであろう。

ところで、私は、かねてから、子どもと老人とを結びつける研究をしたいと考えていた。仮説としては、子ども時代に意欲的に生きいきと〝遊び〟を楽しんだものが、老人になっても意欲的に生活を楽しみ、老後生活を豊かにするのではないか——というものである。そのような老人は、壮年期においても、その人なりに生きいきとした生活を展開していたはずである。〝意欲〟は、自発性の発達とともにさかんになるが、その自発性は〝自由〟が与えられることによってのみ発達するから、子どもの教育にあたっては、大幅に〝自由〟を与えることが必要となる。

ところが、〝自由〟は、終戦までのわが国においては〝悪〟とされ、それが教育にも影響をおよぼしたから、真に〝自由〟を体験したものが少ないために〝放任〟と混同され、依然として悪いことのように考えられている。その結果、子どもたちに約束ごとや規則を示して、がんじがらめにするような教育が行なわれ、そのためにたくさんの被害が子どもたちに現われている。日本にのみ多発している〝登校拒否児〟はまさにその犠牲者といえる。そうした犠牲者を一人でもなくすために、私は、子どもに〝自由〟を——と叫びたいのである。

第9章——いたずらっ子が生きいき老人になる

〝意欲〟と〝思いやり〟を育てるのが教育だ

老年期にも発達がある、それはどのような面での発達か——それを明らかにしてみようというのが、この本の第一の目的である。しかも、それらの発達は、幼少年期の生活とどのようなかかわりがあるのだろうか。その点で私の心を刺激したのが、「翁童論」である。翁童論のなかで、翁《おきな》（おじいちゃん）の心のなかに〝童心〟があるとすれば、それはなんなのか。こういったことを自分史のなかで明らかにすることによって、〝生きる〟ことの意味を探ろうというのが、この本の第二の目的となる。

なぜ、自分史のなかで二つの目的を実現しようとしたのか。じつは、数年まえから、子ども時代の〝生き方〟と年寄りになってからの〝生き方〟との関係を、研究というきちっとした方法をとおして明らかにしたいと考えていた。しかし、その方法が発見できないで今日にいたってしまったのである。

若い社会学専攻の研究者で、老人の〝自殺〟の研究をしているものがいて、私は何回か彼に私の考えていることを話し、研究への意欲を煽動してみた。しかし、残念ながら今日まで返事がない。私の推測では、〝自殺〟をするような老人は、社会的にさまざまな背景があるにせよ、幼少年期に生きいきとした生活をしていなかったのではなかったか——ということである。

私の人格形成論は、〝意欲（自発性）〟と〝思いやり（共感性）〟という二つの柱の形成にあり、この二つを幼少年期にいかに育てるかという教育論に結びついている。とくに、生きいきと（意欲的に）生きる力はどの子どもにも備わっている天与の資質であり、その発達を妨げないように教育することの必要性を、私は主張してきた。

生きいきと生きている子どもは、第一に〝いたずらっ子〟である。〝いたずら〟は、わが国では〝悪戯〟というあて字が使われ、〝悪〟の範疇《はんちゅう》で考えられることが多いが、欧米の児童心理学では「探索欲求にもとづく行動（探索行動）」と呼ばれ、その意義が認められている。探索欲求とは、大人でいえば〝研究心〟や〝探検心〟であり、それらは〝好奇心〟にささえられている。

〝好奇心〟の強い子どもは、何にたいしても見てやろう、触れてみよう、味わってみようという気持ちがさかんである。その結果として、大人がたいせつにしているものを破いたり、壊したりすることがおきるのであるが、それは、何がたいせつで、何がそうでないかを認識する力が育っていないからである。その認識は、〝思いやり〟を育てる過程において、だんだんに自己統制の能力となって現われてくる。

意欲的な子どもの第二の特徴は、大人にたいする〝反抗〟がたびたびみられることである。その意義を認めた欧米の児童心理学者は、二歳から三歳にかけての〝第一反抗期〟を発達期のなかにきちっと位置づけ、さらに思春期の疾風怒涛(Sturm und Drang)ともいわれるような〝反抗〟の現われる時期を〝第二反抗期〟としてその重要性を強調した。私は、さらに、七歳から九歳にかけて多くなる〝口答え〟の意味を発見して、〝中間反抗期〟と名づけた。

第三は、〝けんか〟をくり返すことであり、それは友人との間でもきょうだいとの間でも生じる。〝口答え〟とともに、自発性の発達にもとづく〝自己主張〟の現われであるから、その意義をじゅうぶんに認めなければならない。

第四に、〝おどけ・ふざけ〟が多いことである。私は、〝おどけ・ふざけ〟の重要性を感じ、その研究をはじめて七年目になるが、これもわが国では大人たちから悪ふざけと言われることが多く、〝悪〟の範疇《はんちゅう》であつかわれたりする。しかし、自発性の発達している子どもにそれらが現われることがわかったし、ユーモアのセンスの発達に結びつくのではないか、という仮説を立てて研究をつづけている。わが国では最初の研究である。

以上を総括すれば、〝いたずら〟〝反抗〟〝けんか〟〝おどけ・ふざけ〟の多い子どもが、自発性の順調に発達している〝よい子〟であり、死ぬまで意欲的な人生を送るのではないか――というのが、私の考え方である。

ところが、こういった行為は、封建社会（タテ社会）では、とくに軍国主義の時代には、〝悪い子〟のすることとして親や教師から圧力を受け、〝すなお〟〝まじめ〟〝行儀がよい〟といった子どもがつくりだされ、それのできる子が〝よい子〟という評価が与えられた。現在もなおそのような誤った評価をする親や教師が少なくない。

幼少期に、誤った意味で〝よい子〟と評価された子どもが、人生を意欲的に送ることができず、とくに〝まじめ人間〟が四十歳代でうつ病にかかったり、さらに老年期において〝自殺〟したりするのではないか――というのが、私の推定である。たとえ〝自殺〟にまで追いこまれないにしても、〝すなお〟や〝まじめ〟な人間は老年期を生きいきと生活することができずにいるのではないかと思われる。

生きいきと老年期を送っているものには、自分なりの生きざまがあり、とくに芸術家（画家や陶芸家など）にそれがめだつ。晩年のルノワールが痛風に悩みながらも、自分の腕に絵筆をヒモでしばりつけて絵を描いていた状態は、意欲がいかにたいせつであるかを、私に教えてくれる。

痛風になったときに、病気に負けて病院がよいの毎日を送るか、ルノワールのように病苦に耐えながら制作に〝挑戦〟するかのちがいは、意欲の有無によるというべきであろう。その意欲は、主として幼少年期にその基礎がつくられるというのが、私の考え方であり、それには子どもに〝自由〟を与えること、養育態度としては子どもに〝まかせる〟こと以外にはない。親や教師が自分の思いどおりに教育やしつけをすることは、子どもの〝意欲〟に圧力を加えることになる——と、私は主張してきた。

無用のしつけに縛られて

私自身の子どものころのことを考えると、意欲に圧力を加えられたいろいろのことが思いだされる。それについて考えてみよう。

私が医学上の研究について信頼をもてない気持ちをもっているのも、子どものころに親から言われた医学上の注意がまったく無意味であったことが、医学を勉強するようになってからはっきりしたからである。じつは、私の父が小児科医の友人をもっていて、父はその小児科医から新しい医学上の知識を得ては、私にそれを応用したのである。

その一つに、ミカンと牛乳をいっしょに飲み食いしてはいけないと注意されたことがある。それには、酸によって牛乳が凝固し、それが不消化となって下痢《げり》をおこすという理由がついていた。友だちの家にいったときに、その注意をうっかり忘れ、いっしょに飲食してしまうことがあると、親の注意を守らなかったことでおなかをこわすのではないかと、その後、数日間は不安がつづいたものである。しかし、下痢をしてしまったという記憶はない。それもそのはず、現在では牛乳に酸を加えたほうが消化がよく、わざわざヨーグルトがつくられているほどである。

また、バナナの実のところにある筋《すじ》に赤痢菌がついているという研究の成果が、小児科医から父へ伝えられた。その当時は、赤痢は命《いのち》取りのこわい病気であったから、バナナを食べることは厳禁された。しかし、友だちの家に遊びにいくと、おやつにバナナがだされ、ほかの友だちはおいしそうに食べているのである。私一人だけ「きらいです」といって無念な思いをしながらながめていた。どうしても食べたくなって、禁を犯して食べてしまったことが何回かあるが、その後、一週間は、赤痢になるのではないかという不安をかかえてすごしたものである。

バナナを食べてもいいということになったのは、小学校五年生のときであるが、黒ずんでいるところはきれいにとりのぞくようにいわれた。その部分にばい菌がついているというのが理由であり、私は、西ドイツにある、ある大学の小児科病院で勉強するまでそれを信じていた。ところが、その病院では離乳食として子どもたちにバナナを与えており、しかも黒い部分がついたままにしてあったのには驚いた。その理由を聞いてみると、その部分は外部からの圧力で熟れているだけであって、それを食べたからといって病気になる心配はまったくないという答えであった。

思春期以後、旅行する機会が多くなると、私は、母からシーツを縫いあわせたものをもっていくようにと渡された。寝袋のようなものである。そんなものをもたされたのは、宿屋の掛け布団の襟《えり》のところに結核菌がついているという研究をしたものがいたからで、襟の部分がかくれるようにするために、シーツの上側のほうを折って安全ピンでそれを止める努力をしなければならなかった。当時は、結核で死ぬ青年が少なくなかったから、私は母にいわれたことを守ったが、そのような手間をかけているのは、私だけであった。

また、睡眠は八時間以上とらないと、病気になったり、死んでしまったりすることもある——といって親たちから脅かされもした。それは、犬を実験に使って一週間、寝かさないように刺激したら死んでしまったという報告をした医者がいたからである。私は、高校生のころに不眠症で悩んだ。それは、八時間以上眠らないと病気になるという不安があって、なんとかして早く眠ろうという焦《あせ》りから生じた不眠症であった。現在の睡眠の生理学では、それぞれその人にとって必要なだけ睡眠をしぜんにとっているのだから、時間にこだわる必要はないと考えられている。

私は、医学生のときに四時間睡眠を一か月つづけても病気をしなかったし、軍医として台湾にいたときは、毎晩のように空襲を受けて眠ることにこだわってはいられない状態であった。そうした経験をへて帰還してから四十数年になるが、五時間睡眠で今日にいたっている。私は、寝床にはいると三十秒以内で寝いってしまううえ、ひじように睡眠が深いし、午睡《ひるね》もじつにじょうずである。

大学の教授会が一分で終わったことがあるが、会議室へはいったとたんに居眠りをはじめ、なんとなくざわついているので目をさましてみると、すでに会議が終わっていたのである。ただし、以前は頰杖《ほおづえ》をついて眠っていたので、他人には沈思黙考している姿に映っていたらしいが、最近は仰向けになるのでからだが揺れ、「きょうは大揺れでしたね」などとひやかされるようになった。しかし、おもしろいことに肝心な議論は記憶に残っており、これは特技である。学部長から「あなたは聞いていないように見えるが、ちゃんと聞いているのですね」と賞賛されたような、ひやかされたようなことばをもらったことがある。

このようなエピソードを述べるのは、子ども時代に与えられた医学的な研究結果がいかにインチキであったかをいいたかったわけで、それにこだわっていた子ども時代が、おおげさにいえば悲劇的に思いかえされるからである。

前述したように、国立大学に勤めていたころ、学部長にされて神経を使っているときに、集団検診で糖尿のあることがわかり、大病院で精密検査を受けたところ、中程度の糖尿病と診断され、薬物を服用することになった。ところが、思いきって現在の私学に移り、まったくのんきな生活に変わったところ、昼まえと夕方に冷や汗とふるえが現われたのである。私は、なんらかの合併症があって、ダブルパンチを受けたのかとぎょっとしたが、医学を学んでいたおかげで、それが低血糖の症状であることに思いあたり、服薬をやめたとたんに症状が消失した。その後の研究によると、その薬を連用していると恍惚《こうこつ》の人になることもあるという発表があり、発売は禁止されたということである。そのことを聞いたときには慄然としたし、医学を学んだことの恩恵に感謝したものである。

現在の医学で正しいとされている説も、十年後、あるいは二十年後、三十年後には正しいとされるかどうかはわからない。医学のめざましい進歩を考えればしかたのないことのように思えるけれども、個人がその犠牲になるとすれば、耐えられないことである。私が、日曜日の朝六時十分からNHK第二放送ではじまる医学の時間を欠かさず聞いているのは、医学に対する最新の知識について理解しておきたいという意欲からではあるが、同時に現代の医学に対するきちっとした批判的な精神ももちたいからである。

もう一言、私のからだについていえば、私は、子どものころには肋骨《ろっこつ》が見えるようなやせたからだの持ち主であり、親たちはなんとか太らせようとして食事を強制した。そのために、私は食事にたいする関心を失ってしまったといってもよく、食事自体をめんどうに思うようになった時期があったほどである。現在も少食であるが、おいしい食べものをつい平生の量を超えて食べると、そのあとの排出量が多く、腸の状態が不快になるので、どうしても腹八分の食事となる。これが、私の体調を整えるのに役立っているといえる。

体重は久しく五三キロ前後であった。中年になって六〇キロになった時期もあるが、この十年以上というものは五五キロ前後のままであるから、からだは軽く、やせているることのよさを感じている。洋服もこの十年間まったくサイズが変わらないから、経済的なからだといえる。ある幼稚園の園医を三十年間つづけてきたが、やせている子どもの相談を受けるたびに、私は、やせていることの〝よさ〟を強調している。

一日のリズムはゆとりをもって

東京にいるときは、夜は十二時前後に就寝するが、しぜんに目がさめるのは朝の五時前後である。その後の一時間は家事と入浴に使われる。湯を沸かし、食器やその他をきれいにし、そして、入浴しながら体操をする。それについての私の感想文があるので、引用しておきたい。

[朝はゴールデン・タイム]

朝寝坊をしたという経験が、私は子どものころからほとんどない。それは、父親が早起きで、それを子どもたちにも要求していたからであり、もし朝寝坊をするようなことがあったら、布団ごと庭に放りだされたことであろう。早起きは三文の得《とく》——という諺《ことわざ》を何回となく聞かされたことがある。どんな得があるのか、私にはわからなかったが……。

医学部の学生のとき、私は病理学教室にはいった。終戦まえのことで、教室の医者はつぎつぎと応召していったから、学会のまえになると、われわれ学生はフルに使われた。

学会までにまにあわせなければならない仕事をあてがわれて、私は下宿に帰る時間さえなく、研究室の机の上にごろ寝をする日がつづき、睡眠時間が四時間であることが一か月におよんだ。じゅうぶんに睡眠をとらないと病気になると教えられていたので、不安もあったが、やりぬいてみて何ごとも起きなかったので、私は自信をもった。その後の睡眠生理学では、人間はその人に必要なだけ睡眠をとっているもので、何時間ねむらなければならないということはない——という考え方が示されたが、私はそれを実践していたことになる。終戦後の四十数年間、私の睡眠時間は五時間になった。

*

私は夜十二時前後まで仕事をする。目がさめるのはほぼ五時前後である。八時間の睡眠時間をとっている人と比較して計算してみると、六、七年も多く仕事をしたことになり、それを私の年齢に加算して、いつ死んでもいい、という気になっている。

現在の私は、目ざまし時計がなくても五時前後には目がさめる。そして髭《ひげ》を剃《そ》り、春になると、仕事着に着がえて庭仕事を一時間ほどする。鳥の鳴き声を楽しみながらであったが、ついに昨年から野鳥の会にはいって勉強をはじめた。しかし、記憶力は減退しているので、鳥の名まえはなかなか覚えられない。それでも、積極的に鳥の囀《さえず》りを楽しんでいる。

朝起きたときに雨が降っていれば、読書をする。

仕事を終えると、入浴する。朝の入浴はじつに気持ちがよい。昔の武士は、いつ死んでもよいように身を清め、香をたいたというが、そのような気持ちに近い。おれのからだは清潔なんだぞ――という気持ちで、社会生活をはじめる。

＊

六時半ごろに朝食をすませると、七時半までには大学の研究室へいく。九時まではまったく静かな時間であり、読書をしたり、学生たちの論文指導をしたりする。学生たちには〝ゴールデン・タイム〟と称して、早起きをしてやってくるようにすすめている。眠い目をこすりながら現われるものもいるし、「寝坊をしてごめんなさい」と電話をかけてよこすものもいる。私はまったく叱ることがないから、私に対して学生は正直であり、それがうれしい。私は三十余年にわたって叱らない教育を提案してきたが、それはうそをつかずに、ありのままの自己を表現する力を育てようとしてきたからである。

大学での朝は一時間半もあるし、周囲は静かだし、電話もかかってこないから、まさに〝ゴールデン・タイム〟といえる。この時間をじゅうぶんに活《い》かすことができると、一日の仕事を終えたような気持ちになることさえある。しかし、それから講義やセミナー、カウンセリングや事務的な仕事が待っている。

ただし、昼間のどこかで二、三十分の午睡《ひるね》が必要となる。午睡をしたあとは、また、エネルギーがでてきて、夜の就床まで間断なく楽しい生活がつづく。午睡ができなかったときには、夕食後に眠ることがあり、その時間はまちまちである。この午睡の習慣は、昭和三十年、三十一年と西ドイツに留学していたときに形成された習慣である。

多くのドイツ人は、昼食を家にもどってしている。そのときの別れの挨拶《あいさつ》は「よいお昼寝を」であるのは興味ぶかい。私も下宿にもどってきて、昼寝を楽しんだ。わが国では、昼間の休み時間に人が訪れてきたり、電話がかかってきたりするので、居眠りもできないことが多いが……。

私は就床すれば三十秒以内で眠りにつく。眠りの度合が深いせいか、地震にも気づかないことがある。また、夢をほとんど見ないのもさびしい。夢みる人生は尊いからである。

心とからだの健康を守るとは

私の健康にかんしては、妻に負うところが大きい。妻は医者の娘であったことも関係して、清潔にたいしてはひじょうに気を使う。蝿《はえ》が一匹とんでいても大騒ぎ、ゴキブリにいたっては悲鳴をあげて私を呼ぶ。そうした清潔感は、私の下着などへの配慮にもおよび、私は朝の入浴後はいつも洗濯のいきとどいたものを着て、一日の生活をはじめることになる。食事も栄養を気づかい、しかも味つけがよく、入れ歯で悩んでいる私が食べやすいものを選んでくれる。

妻は、社交とか家庭外での活動とかを好まないから、まったく内助の功ということばがあてはまる。その点で、彼女の老後のことを配慮してきた私は、私が旅行をするときにはかならず彼女を同伴するようにしてきた。私とならばどこへでも――という気持ちである。彼女のおかげで、古いことばにはなるが、後顧の憂いなく、私なりの活動を展開することができた。四十年間、カゼひきで一日だけ床についた以外には、仕事を休んだことがないのも、彼女に負うところが大きい。生活のうえで自立しない男――といわれるかもしれないが、私はそれに満足している。

幼児期の私は、虚弱児と医者にいわれた。それは、前述したように、病気をくり返したからであるが、もう一つには、ひじょうにやせていたからである。そして、この歳になるまで太ったことがない。しかし、やせていることのありがたさをしみじみと感じている。体質的にやせていることのよさを見なおす必要のあることを、私は小児科医をしているときから叫んできた。

思春期以後、胃神経症になった私は、いろいろな薬を飲んだり、器具を用いたりしたが、まったく効果があがらなかった。そこで、ついに冷水摩擦をはじめ、三、四年はつづけたと思う。最後には、たわしのようなもので全身を摩擦した。それが、四十年間にわたって病気をしなかったことと、どのような関係にあるのか。その点を、将来、明らかにする研究者が現われることを期待している。

私は、三十年間にわたってある幼稚園の園医をつづけてきたが、喘息《ぜんそく》の子どもの母親には、乾布摩擦をつづけるように提案していた。その結果、卒園のころには、発作をおこす子どもは一人もいなくなっていた。また、孫の一人が一歳になったときに喘息による大きな発作が一回あり、その後、乾布摩擦をつづけたところ、二歳のときに発作が一回あっただけで、その後はまったくなく、カゼをひくと、ヒューヒューと音をたてることもあったが、小学校入学前後にはそれもなくなり、現在では喘息であったことを忘れてしまっている。

乾布摩擦の喘息におよぼす医学的な機序については明らかにされていない。ただ私には、親子で病気にたいして〝挑戦〟する〝意欲〟が効果をあげているように思えてならない。心とからだの関係については、こんご、〝意欲〟を中心に追究する価値があると思っている。

なお、虚弱児といわれていた幼児期から小学校低学年にかけてさかんに食べさせられたのは、ニンニクと牛のレバーであった。これらが、その後の私の健康の基盤となっているかどうかも、私にとっては興味ぶかい研究課題である。

気がむくまま、足がむくままに

一年のなかで、私にとって充実した健康観を与えてくれるのは、駒が根の山荘での合計して二か月におよぶ生活である。五月の連休のとき、夏休み、そして、九月末の一週間をこの山荘ですごしており、夏休みにはいっさいの講演や会合の申し出を断わって、山荘での生活を楽しむことにしている。

山荘での一日は、五時に起床、野鳥の会で買ったチョッキを着て、ステッキをもってでかけることにはじまる。ステッキは、ヘビやサルなどがでてきたときに身がまえるための道具であって、杖をつくということはない。コースはその日の天候とか体調とか気分とかによってさまざまであるし、歩調も、あるときにはゆっくりと、あるときには速く——といった具合に、主体的に行動する。時間は一時間から一時間半。そのあと山荘にもどって、戸外の景色が見える風呂場でからだを洗い、ゆっくりと入浴を楽しむ。そして、妻と二人で朝食をする。皿洗いは私の役目にしている。そのあとは山荘にもどって、読書をしたり、ものを書いたり。

しかし、夏休み中に仕上げなければならないという計画は一つもない。以前は、二、三の計画をもって山荘にでかけていたが、多くは計画どおりに事《こと》が運ばず、休みが終わるころになると、心残りが強く、よい休みだったという感じが薄かったので、計画をたてることをやめ、もし気がむいたら、読んだり、書いたりしようというものをもっていくことにした。だから、日課もなく、青空や雲をながめたり、森をわたってくる風の涼気を味わったり、テラスに飾ってある花に飛んでくるさまざまな虫と対話をしたり、眠くなれば居眠りをしたり……。そして、知人たちが運んでくれる、庭先でつくったトマトやモロコシや、その他の野菜を食べるが、これらが、私の体内を清めてくれるような気持ちにしてくれる。夜はFMやテープでクラシックを聞きながら、十一時ごろになると、そのときどきに気のむいたアルコール飲料を自分でしつらえて飲むことにしている。そして、十二時から一時の間に、眠りにおちる。

来客も、三十年以上もつきあっている保育園の保母さん、十年くらいのつきあいになる青年会議所の若い連中など、まったく気のおけない連中だから、時間を忘れて談笑することになる。私の大学の女子学生たちもこの山荘が好きで、グループでやってくるし、孫たちも友だちをおおぜいつれてやってくるが、私たちは老夫婦だけの別棟を建てて住むようにしたから、彼らの生活もまた、まったく〝自由〟に営まれている。その活動をながめているだけで楽しい。ほんとうは、彼らといっしょに私も活動したいのだが、もはやからだが許してくれないのである。電話は、番号を秘密にしてあるから、マスコミやその他からかかってくることもない。

こうした山荘での生活があるからこそ、あとの十か月の多忙な生活を生きいきと実現することができるのだ。また、やがては東京でも、こうした生活に移ることになるだろう。まったくこだわりや気がねのない生活に……。

第10章――〝おどけ・ふざけ〟がユーモアを育てる

父の厳格さがいやだった

私の考え方の基礎となっているのは〝自由〟である。その意味で、私は〝自由主義者〟といえる。〝自由〟とは、「他からの拘束・束縛・強制・支配を受けないこと」であり、「……行動の自由、選択の自由、必然性の認識にもとづいて自身および自然を支配する積極的な自由、意志の自由、倫理的自由などのように、人間をとりまく諸条件を統御することをも意味する」ものであり、〝自由主義〟とは、「個性の自由な展開を尚《たっと》び、個人の思惟と活動とに対して能《あた》う限りの自由を供し、干渉を排すべしとなす思想・立場。社会的・政治的には能う限り個人の自由権を擁護・伸長しようとする立場」で、「近代初期、中世的な絶対主義的権威に抗して台頭し、ブルジョアジーの間に有力な思潮をなし、近代議会制度の思想的母胎となった」——以上『広辞苑』より。

私がなぜ〝自由〟をたいせつにするようになったかについて、そのルーツを探ってみると、いくつかの項目があがってくる。その一つは、家庭にあると思われる。すでに述べたように、私の父は封建主義・儒教主義にもとづいていて、私に対して厳格であり、〝自由〟を奪っていた。一方、母は私をほとんど叱ったことがなく、〝しつけ〟らしい〝しつけ〟をしない人だったので、私は父を恐れ、母を慕った。母と暮らす時間がひじょうに多かったので、父が家にいないかぎりは、まったく〝自由〟であった。

いま、いろいろと思いだしてみても、母から叱られたという記憶がなく、訓戒や説諭をされたことも記憶にない。まさに小学校時代は、父がいないかぎり〝自由〟を謳歌できた。一方では、心ひそかに父のような人間にはなりたくないという思いを強めていき、私にとって〝自由〟はかけがえのないものとなった。

ただし、父の影響が久しくつづいたこととして、目上の男性のまえにでたときの緊張感と、時間に対するこだわりとがある。目上の男性に対する緊張感のほうは、年齢の増加とともに薄れていった。これは、世話になった目上の人たちの多くがこの世を去ったからでもあるが、私自身もずうずうしくなったからである。ずうずうしいとは、あつかましいことを意味するが、よくいえば、自分の気持ちを〝ありのまま〟に表現できるようになったことであり、これはロジャーズのカウンセリングを勉強したことにもよる。

時間について、父はひじょうに厳格であった。父と待ちあわせをするときに、私が一分おくれても、父は待っていなかった。たとえば、映画などへ父といっしょに行く約束になっていたときなど、待ちあわせの時間におくれたために連れていってもらえなくなり、泣きなき家に帰ったことが何回かある。そのあと、父が帰ってくると、かならず叱られた。そのたびにいわれたことの一つは、「目上のものを待たせる法があるか」であり、もう一つは、「時間はぜったいにおろそかにしてはならない」ということであった。

こうした〝しつけ〟の結果、私自身、いまでも時間をきちっと守る。他人との待ちあわせ時間にしても、講義の時間にしても、カウンセリングをはじめる時間にしても、けっしておくれることがない。ただし、他人に対しては許容的であり、その人がおくれてきても非難したり、叱ったりすることはまったくない。けれども時間にこだわるから、約束の時間が近づいて家からでかけるまえには落ちつきがなくなるし、相手が時間にやってこないと不安になり、ときにはいらいらすることもある。それは、けっして気持ちのよいものではなく、そうしたこだわりのない人間になりたいと思うことがある。

十五年ぐらいまえに、一か月に二、三秒しか狂わないという時計が売りだされ、それをさっそく買ったことがあるが、これも時間に対するこだわりからである。ところが、ある新聞のコラムに、一、二秒にこだわる人生に対するひやかしの批評がでていて、まったく同感した。もっとも、それだからといってこだわりが消えたわけではない。時間に対するこだわりは一生涯つづくかもしれないが、この状態を受けいれてすごすよりほかにはしようがないし、やがて時間から解放される生活が訪れるであろう。最終的には〝死〟がそれを実現してくれる。

まじめくささ、まじめなふりは大きらい

小学校は、鎌倉師範の附属小学校にかよった。昭和のはじめであったが、大正デモクラシーを背景とした〝自由教育〟の雰囲気がまだ残っていたように思える。細かい規則で縛られていた記憶がない。犬猿の仲といわれた仲の悪い友だちがいて、彼と大げんかをしたとき、先生に二人して立たされたこともあったが、体罰を受けたことは

まったくなかった。六年間おなじ担任であった。卒業後は、先生が高齢で死去されるまで、先生を囲んで毎年一回のクラス会が開かれた。先生もそれをひじょうに楽しみにしておられたが、先生の隣席には、しばらくの間、もっともいたずらがさかんで、先生に叱られることの多かった友だちが、みんなの推薦ですわらされたものである。

私の家は海辺にあり、裏山も迫っていたので、私は自然のなかで〝自由に〟遊びまわった。母は「勉強しろ」などといわなかったし、学校の宿題も少なかった。その当時の自然については今日でも目にはっきりと映じてくるが、現在、そのあたりはすっかり新しい住宅やマンションで埋めつくされ、昔の面影《おもかげ》はまったくない。

大正デモクラシーを背景とした〝自由教育〟はダルトン・プランであり、その主唱者パーカスト女史は全国をまわって講演したという。私は、その当時に出版された書籍を多く手にいれることができたので、これからゆっくり読んでまとめてみたいと思っているが、当時の〝自由教育〟は、いまのインフォーマル・エデュケーション（無形式教育）の原型ともいえるだろう。多くの師範学校の附属小学校で実験的にとりあげられ、〝自由教育〟への弾《はず》みがかかるような風潮も生じたが、附属小学校に子どもをかよわせていた軍人がそれを槍玉にあげたので、〝自由教育〟に熱心だった教師は追放されたという。そして、日本は軍国主義の社会に突入していき、教育もそれに追随したのである。

それでも、旧制の高等学校には、自由主義の教師がいた。私が文科乙類（ドイツ語）を選んだのも、甲類（英語）の教師よりはるかに自由思想が強かったからである。ロマン派の小説が載っている教科書を使った教師がいて、その教師との出会いが、私がロマン派に魅力を感じるきっかけとなった。L・ティークの作品を翻訳しはじめたのもそのためであるが、完成しなかった。ロマン派の文学は古典派の枠を破るものであり、幻想的でもあった。

大学では、ドイツ文学科の講義が、ゲーテやシラー、中高校生むきのドイツ語で占められていたので私はまったく失望し、最小限の単位を取るのにとどめ、和辻先生の倫理学や辰野隆先生のフランス文学の講義を聞いて楽しんだのだった。

心理学は、岡部弥太郎先生の幼児心理学の演習にでたが、なにも記憶していないほどおもしろくなかった。私は〝天才論〟を勉強したいと申しでたのだが、分厚いドイツ語の本を手渡されてまったく閉口したし、どのようにまとめて発表したかさえも覚えていない。心理学科などを選ばなくてよかったと思ったことだけはよく覚えている。研究者となってから心理学との関係が密接になったが、人間の心の解明にあたって、心理学を学んでいたら、いまのように〝自由に〟発想することができなかったのではないかと思うことがたびたびある。それは、子どもの〝心〟の本質は直観的に理解する必要があり、とくに子どもといっしょに楽しく〝遊ぶ〟場合には、直観がますます重要性を増すからである。

私は、中学校でも高校でも、教練がきらいであった。自分ではあまり意識して反抗してはいなかったが、行動面に現われたのであろう。出席率はよかったのに〝丁〟をつけられた。そこで軍人の教官に談判にいった。それに対する答えは、「なんとなく生意気だ」ということであった。たしかに、閲兵などで、「気をつけーい」という教官の号令のもとに、みんながしーんとして、全員がまったく同一の行動をとるように強制されると、私は笑いがこみあげてきて、それを抑えるのに苦労しなければならず、そのような態度は、外部のものから見れば、ふまじめに映ったのであろう。笑いをこらえるときには、どうしても身じろぎをしてしまうからである。教官ににらまれたことがいつまでも記憶に残っていたこともあって、大学卒業後の軍隊の選択は海軍にした。

私には、小学校の高学年のころから、セレモニー恐怖症とでもいえるような状態があった。とくにいっせいの行動をするように強制され、子どもたちがみなそれに従順になったときに、思わず笑いが飛びでそうになる。一年に何回か学校で儀式があり、校長が教育勅語を白手袋のなかに恭《うやうや》しく捧げもって、コツコツと靴音を立てながら講堂の壇上に登っていく。靴音のみが講堂に響きわたると、私は笑いだしそうになる。笑ったらたいへんなことになるので、懸命にがまんをする。その辛さはいいようのないものであった。そのために、式はひじょうに苦痛であった。

なぜおかしくなるのか。おそらく、まじめくさっている人間に対する批判ではないかと思う。くさるは〝腐る〟であり、人間の本質ではないからである。それは〝ふり〟をすることであり、本心を偽っているともいえる。大学の教師になってからも、年間に何回かの式が定例的に催されるが、いつも出席したくない気持ちになるのは、そのためであろう。

他人の葬式に参列したくないのも、おなじ理由からである。神妙な顔つきで焼香したり、献花したりしていながら、式場をでて親しい友だちに会うと大笑いをしている人がいるが、そんな姿をみると、さっきの神妙さはまじめくさっていたにすぎないと思われる。私が自分の葬儀のプランを自分なりに考え、楽しいものにしたいと願うのは、参列した人びとに〝腐って〟もらいたくないからであるし、自分の〝死〟を栄光のなかにおきたいからでもある。

とくに、幼稚園の園長で、入園式とか卒園式とかの行事をやめてしまった人と仲よくしているが、〝式〟などは子どもにはなじめないものであり、結局は子どもにじっとしていることを強制し、じっとしていない子どもに注意を与えたり、叱ったりすることになっているから、やめるべきである。その園長は、〝遊び〟の本質をよく理解しており、ことしはそのいきさつを書いた共著をだすことになっていて、いまから楽しみにしている。私の心には、現在おこなわれている多くの〝式〟のように、〝腐った〟ものはやめてしまえ——といった反抗心がうずいているのである。来年は古稀を迎えようとしている反抗爺といえよう。

禁煙に悩む西田幾太郎の日記を読んで

さて、私のものの考え方に強い影響を与えた人は？——と聞かれても、頭に浮かばない。すでに述べたように、母方の祖父といっしょに仏教の講義を受ける機会はひじょうに多かったが、私の信仰心を強くゆさぶったものはなく、仏教への関心は強いけれども、信仰はもっていない。

高校生のころに、必読書として西田幾太郎の『善の研究』などを紹介されて買ったけれども、二、三ページを読むのがたいへんであり、とうとう投げだしてしまった。

中年になって、先生の全集が出版されたとき、なんとかして日本のユニークな哲学者の思想に触れて、少しでも理解したいと願ったけれども、結局、私にとって近づきやすかったのは、日記とか書簡とかののっている巻のみであった。

とくに日記を読みすすんでいるうちに、先生がなんとかしてタバコをやめたいと思い、十年間もそれができずに苦しんでおられたのを知って、先生の人間らしい面にふれることができてうれしかった。日記では、大正十年ごろより、“Don't smoke.”がはじまるが、そのあとに“smoke”と書かれている日が何回もあって、タバコをやめることのできない事情が書かれている。その後も“You must not smoke this day.”などとすべて英語で書かれ、その後、記録は中断しているが、昭和五年になると、“No smoking”がさかんに書かれている。つまり、そのほかの日々はタバコを吸っておられたということになる。その後は“smoking”の記録がないので、禁煙に成功されたのだろうか。それにしても、大思想家が、長い期間にわたって禁煙をはたせずに悩んでいる人間らしさ、すなわち、人間という存在の弱い面を教えられたし、それが人間なんだ――という気持ちになったものである。

西谷啓治氏の後記には、「先生が禁煙の努力を始められたのは、日記で見ると大正十年の初めかららしい。その年の六月以降の記事は殆どそればかりである。大正十一年にも度々それがあり、大正十二年の四月からまた旺《さか》んにその記事がある。その後も時々、禁煙のために自己を鞭打たれている。先生がそのように健康に注意されたのは、病人の多い家族の将来を考えられたためであったと共に、自分にはこれからなすべき大きな仕事があるという自覚からでもあったらしい」と書かれている。当時は、いまほど肺ガンの問題が大きくとりあげられていなかったけれども、ニコチンの害はいわれていたと思う。

こうした西田先生の〝自覚〟とは裏腹に、タバコの有害性を説いている統計学者への挑戦として、私が今日もなお喫煙しているのは、自覚に乏しいということになるのだろうか。むしろ、私自身は、挑戦の快感を味わっているのであるが。

哲学者である高坂正顕先生や和辻哲郎先生との出会いは、私のものの考え方に影響を与えたが、それは哲学の内容そのものではなく、むしろちょっとしたおことばによるものであった。それ以上に、私に影響を与えたのは、高校時代に若い教師として赴任された哲学者の小川政恭先生であった。校長の紹介によると、小川先生は、哲学を勉強しているときに狂気のような状態になられたという。校長はそれをすばらしい人生体験であるかのように話されたが、それがどんな内容のものであるかについては、今日までお聞きする機会がなかった。若くもあったので、われわれは〝ボンヂ〟（「ボンヂ」という漫画の主人公から）というあだ名をつけて、下宿を訪問してはダべった。

私は論理よりも情緒にひかれる

私が小川先生と親しくなったのは、先生が仙台に引っ越してこられ、大学の図書館での仕事をされながら、『イリアス』の翻訳に熱中されていたときであった。先生はすでに結婚されていて、男のお子さんがいた。私は、東北大学の医学生になっていた。奥さまの不二子さんがおだやかな、すばらしいかたで、私はたびたびそのお姿を慕って先生のお宅にうかがった。しかも、お二人の営まれている家庭の雰囲気が暖かかったからである。私は、当時、自分の結婚のことを考えていたが、そのころの日記がある（原文のまま引用する）。

●某月某日

昨夕から強い風が続いて、空が鳴りしきっていた。大木の梢《こずえ》がそこここでなびき、木の葉は右往左往に舞っていた。夜になって、ぴたりと風が止み、月が冴えた。星のまたたきがしずまった。僕は灯のともっている家々の小路を縫うように歩き回ってから、小川先生をたずねる。

今朝、奥様が赤ちゃんを産みなさって、先生は病院に附添っていらしてる、という。直ちに病院にいく。戸を押して中に入ると、奥様だけがおだやかな顔をして寝ておられ、すぐ左のベッドに頭をガーゼでくるんだ赤ちゃんが、これもまたおだやかな顔で、身動きもせずにふとんをかぶっていた。

室の北側には強い光のスタンドがおかれて、布団の花模様が、その光にいっそう鮮やかに染めだされている。僕は黙って立ったまま、時を過ごしていた。小半時も過ぎたであろう。

「どなた?」と奥様の口もとが動いたが、目はつぶったままであった。僕は返事をするかわりに「おめでとう」といった。奥様は目をはっきりあけて僕を見つめると、その口もとはかすかにくずれて、微笑された。やがて真白な手を出し、赤ちゃんのふとんをそっとめくりながら、いつまでもその顔をのぞき込んでいらした。

「苦しかったでしょう?」

「ええ、でも、主人がずっとついていて、手を握ってくれてましたから……」

そういって、奥様は再び目を閉じられた。僕は、目をつぶって静かに横たわっている母と子の姿をじっと見くらべていると、何か胸のときめきを感じて、そっと病室を出た。

●某月某日

二週間ぶりに小川先生をたずねる。奥様も待っていて下さった。あがるや否や、「今日はおいしいキャベツ巻をごちそうしますよ」といわれる。

「学生のときに結婚してもよいものでしょうか?」と伺う。

「君の場合でしたらいいですね」と即座のご返事。「ただ、家がなくて困りますね」と。

何か、赤ん坊のように、思う存分泣き、乳を飲みながらねむり、また醒めては泣き、疲れてみたい気持ち。

●昭和十九年元旦

結婚問題は、思いがけぬほどにわかに進展してしまった。僕が心にブランクを見出してから一年余り、求妻遍歴をつづけてきたが、わずか三日で事《こと》が決まってしまうとは……。

この話は暮れの二十六日にはじまった。知人のT氏が英子というお嬢さんを紹介してくれたので、その書類を見ると、第一に僕の尊敬する倉橋惣三先生の下で勉強したことのあることを知った。倉橋先生は最もすぐれた子どもの理解者であり、教育者である。倉橋先生の学校には附属幼稚園と保母養成の学校があって、保母になるためにも、難関な試験を通らなくては入学できない。僕の希望している第一の条件と、第二の条件の半分位は満たしてくれる。体さえ丈夫であれば申しぶんない、といえよう……。

そこでT氏をつうじて、押迫った三十日に、彼女の家で会う約束をして、それが実現された。ひと目見た瞬間、〝この人だ！〟という気持ちに強く打たれて、その晩にプロポーズしてしまった。

明日、先方から訪ねてきて、すべてのことを取り決める段取りになった。明日、英子さんが見える、と思うと、休みなく興奮がおきてくる。十時に寝たのだが、二時に目がさめた。そして、もはや寝つかれずに、こうして日記をつけている。明日——いや、もう、今は二日なのだ。今日、英子さんが見える。

妻となる女性への願い三つ。

① 子どもを心から愛せる人。

② たえず勉強していく気持ちのある人。

③　健康な人。

このような日記を引用したのは、小川先生ご夫妻の家庭の雰囲気が私のものの考え方にひじょうに影響していると思えるからである。つまり、私自身のものの考え方は論理的でなく、情緒的であり、雰囲気に支配される。これは、私の研究の世界とどういう関連があるのだろうか。

情緒的——ということになると、私の頭にはロジャーズのことが浮かぶ。彼の『人間尊重の心理学』（畠瀬直子訳・創元社）はまさにそのことを物語っている。ロジャーズはなによりも人間がもっている情緒をたいせつにしている。しかし、情緒ほど理解のむずかしい人間の〝心〟はない。それゆえに、論理的にものごとを考えようとする研究者は、ロジャーズの論理のあいまいさにいらだちをおぼえるであろう。そこで、論理のもっとも明快な行動理論などに立って人間を解明したくなるのもよくわかる。しかし、私がロジャーズに心をひかれたのは、論理のあいまいさであり、直観をたいせつにしている点である。

直観は、はっとわかる——ということであり、それは論理的に説明できないものをもっている。しかし、子どもと生活をともにしてみると、直観がひじょうにたいせつであることがわかる。それが、子どもが私に〝心〟を教えてくれるという意味に結びつき、子どもとともに遊ぶことの楽しさにつながる。その点で、子どもとよくつきあっている研究者は、論文が書きにくく、結果として論文が少ない。

それに反して、統計的に処理して数量化するような仕事をしている人は論文が多い。きちっとした答えがでてくるからである。しかし、すでに述べたように、その答えを子どもにフィード・バックしたときに、それが妥当かどうかは、まったく保証することができないし、空論に終わっているものさえある。私が、統計的な処理に抵抗しているのはそのためである。

私に卒業論文の指導を受けている学生のなかにも統計を用いるものがいるが、そのときには何ケースでもよいから、子どもに〝体当たり〟してみて、統計の結果が妥当かどうかについて確かめてもらうことにしている。その結果、学生たちは、統計による結果に対しては慎重に対応しなければならないことを自覚するようになる。それは、子どもに〝体当たり〟してみて、はじめて子どもから学ぶ面が多くあることに気づくからである。そのさいの体験は、情緒的である。

水かけお面でいたずらを楽しむ

私は、研究の間口をひろげすぎて、現在、収拾のつかないほどである。しかし、異質の研究のように見えた研究が、人格の底辺ではいろいろと結びついていることがわかってきた。たとえば、「〝思いやり〟の構造とその発達」というテーマの研究は七年目になるが、それが「〝おどけ・ふざけ〟の構造とその発達」というテーマの研究に結びつくのは、〝おどけ・ふざけ〟がユーモアのセンスの発達と結びつき、ユーモアのセンスは〝愛〟に通ずる道と考えられるからである。つまり、四歳前後から急速に増加する〝おどけ・ふざけ〟は、それらを暖かく受けいれていけば、ユーモアのセンスに発達するという仮説が成立したからである。

欧米では、ユーモアのセンスはリーダー・シップをとるものには不可欠の条件であるとされるが、残念なことに、わが国にはユーモアのセンスがあるものの存在がきわめて少ない。これでは二十一世紀の国際社会のなかでリーダー・シップをとれるかどうかあやうい。わが国においては、〝ふざけ〟はしばしば〝悪ふざけ〟といわれ、〝しつけ〟という名目によって圧力が加えられることが多い。そうして、まじめ人間がつくられていくのだが、それは、〝KUSOまじめ〞(日本文字だとニオイがするので)とも〝生《き》まじめ〞ともいわれる状態にすぎず、暖かさの乏しい人格をつくりだしている。欧米では、「あいつはまじめだ」というときには、おもしろ味のない人間であることをいっているのであり、まじめさは人格のなかで高く評価されてはいない。

その点を考えるならば、幼いころの〝おどけ・ふざけ〞をおおいにたいせつにして、ユーモアのセンスを育てることを考えるべきであり、まじめ人間を少なくする方向で教育が考えられなければならない。まじめ人間は四十歳代でうつ病になりやすく、それが日本人に多いことを指摘している精神科医がいるし、そうしたまじめ人間は、老年期になってもがんこで、柔軟なものの考え方ができず、そのために自殺することが多いのではないかと、私は考えている。

本来、人間は〝善〞に向けて志向する存在であり(性善説)、ユーモアのセンスのある暖かい人間になりたいという欲求をもっていることを考えると、子どものころの〝おどけ・ふざけ〞が抑圧されて、まじめ人間にされた不幸は大きいと、私は考えている。封建社会の意識を根強くもっている人びとの多いわが国においては、上司の命令にしたがって従順にそれをはたす〝まじめさ〞は高く評価されるから、社会生活においては、いちおう認められるとしても、年寄りになり、〝自由〞のなかに解放されたときに、不幸が待っているように思われるのである。それは、自分なりに楽しい生活が実現できないからである。

私の知人に幼稚園の園長をしている宮村治という人がいる。この人はジョークのうまい人で、毎年くれる年賀状の写真が傑作であり、私はその写真を楽しんでいる。宮村氏は笑いが多いのも特徴であり、まじめという表現からはほど遠い存在のように思われる。彼の家を訪問したときのエピソードを述べておこう。

彼の家の応接室にはいったとき、めずらしいお面が柱にかかっているのを見つけた。お面は美術品というのが通念であるが、まったく醜いお婆さんのお面で、赤茶けた髪の毛はくちゃくちゃに乱れ、顔はしわだらけ、目もとろんとしていた。あまりにめずらしいので見入っていると、下のほうにヒモがたれていて、その先の小さな紙片に英語で「このヒモを引っぱってごらんなさい」と書いてある。そこで彼に許可を求めると、「ええ、いいですとも」とばかに力をいれていわれた。そこで、私は引っぱってみた。すると、パッと私の顔に水がかかった。お面の口もとに小さなパイプがついていて、そこから水が飛びだしてきたのである。しかも、そのあと、お面の嘲笑が二十秒ぐらいつづく。それは電気じかけであった。

私はそれが気にいり、手にいれたくなった。すると、彼はさっそく届けてくれたのである。それが暮れであったので、年末から正月にかけて私の家にきた客につぎつぎといたずらをして楽しんだ。そのあと、研究室の女性たちにもいたずらをした。女性の悲鳴は高いから、愉快である。貸してほしいという学生が現われ、貸してあげると、一年間もゆくえがわからなくなった。いろいろな家いえをまわって巡業していたのであった。つぎの年の正月にもどってきて、私はその醜いお婆さんと再会することができた。

こうした楽しみをもっている爺さんを、他人はどのように批判するであろうか。趣味の悪さを指摘するものもいるかもしれない。それはまじめ人間にちがいない。しかも〝KUSO〟であろう。

第11章——老年期の発達は〝童心〟にある

還暦を迎えて余生を考える

私が〝老い〟と〝死〟について真剣に考えるようになったのは、還暦を迎えてからのことである。いく組かのグループがお祝いをしてくださったが、その一組から、何かプレゼントをしたいので、希望の品をいってほしいと言われ、その金額が示された。さっそく家内と話しあい、ちょうどテレビがいかれていたので、それをプロポーズしようということになった。

しかし、私は積極的にテレビを視聴する気持ちがなく、ヒットしている番組の話が仲間などの間でかわされていても、ほとんど知識がなく、ついていけない。また、ヒットしている番組ということになると、かえってそれにたいして反抗的になって視聴する気持ちが消えてしまう。それは流行をきらっているからである。もっとも、テレビを見ていると魅力を感じる番組もあり、家内のほうがその機会は多い。しかし、もしその魅力に取り憑《つ》かれてしまったらたいへんだ――という思いが、以前から二人のあいだにある。それはからだを動かさなくなり、それだけ衰えを増すからである。

そこで、もっとも小型のテレビをいただくことに決めた。それが今日もなおダイニング・キッチンにおいてある。画像が小さいので、ニュースとか天気予報とかを視聴し終えると、電源を切ることになる。バレー（舞踊）などを見たいと思って電源をいれても、白い虫のようなものが動いているだけで、まったく迫力がないから切ってしまう。そして、山のように積まれている私の本来の仕事にとりかかる。

そうしたときに、ときどき思いおこすのは、私の母のことである。母は、父が死んだあとの三年間、テレビのまえにぼんやりとすわったままであり、そのうち脳軟化がだんだんに進んで死んでいった。父がワンマンであり、父にこきつかわれた一生だったので、父の死後は自分らしく生活したら――とすすめたが、まったく動こうとしなかった。

そのことを考えると、私は、私の亡きあとの妻の老後が生き生きとしたものであってほしいと願う気持ちが強くなる。これまで旅行はほとんどいっしょにするようにしてきたし、妻は自発的に習字をしたり、水墨画を習ったりしているので、おおいにすすめており、その時間を妨げないように心がけている。妻は自分から進んで家庭外での行動をすることがあまり好きでなく、しかし、私のためとなると、せいいっぱいつくしてくれてきたので、私の死後の彼女の生活にはいささか心配もあり、私はたえず彼女の一人暮らしについて配慮することになる。

〝還暦〟をすぎてからの九年間をふり返ってみると、二人三脚の生活がだんだんにふえていることがわかる。さがしものなどはそのよい例で、私がなかなか見つけられないでまごまごしているときには家内が見つけてくれるし、家内のさがしものは私のほうがはやく見つけたりする。私は、たえず〝好奇心〟をいろいろな面に向けていたいので、新聞などでおもしろい記事があると、妻に読み聞かせたり、赤ペンでマルをつけておいたりする。家内もまた、自分が興味をもった新聞や雑誌の記事について話してくれたり、切りぬきをしておいてくれたりするので、けっこう、私の秘書的な役割をはたしている。家計はいっさい家内の仕事である。こまごました原稿料の計算などめんどうな仕事があり、私にはやる気がないので、おだてる気持ちもあって、「うちの大蔵大臣」などと呼んでもいる。

さて、〝還暦〟を迎えたときに、これからは〝余生〟だ――という気持ちがにわかに強くなった。

〝余生〟ということばが頭に浮かんだとき、第一に、〝自分らしく生きよう〟と思った。〝自分らしく〟ということの意味はいろいろあるが、〝ありのまま〟(実存)ということであり、これには哲学的な背景がある。まさに自己を偽らずに、〝自由〟に生きることであり、俗にいえば、うそをつかずに、いばったりせずに——などなどのことばが頭に浮かんでくる。

私にはものを書いたり、講演や放送をしたりする機会が多いので、そのさいには、歯に衣《きぬ》を着せないで書きまくり、わめき散らして死んでいこう——ということに思いあたったのである。〝還暦〟になるまでにも、私はけっこうわめき散らすことがあったが、やはりいろいろと〝気がね〟をする部分があったことは否定できない。そこで、これからは〝気がね〟をしないで——ということになる。

そのために、私は会長とか委員長とかいった〝長〟のつく役割から降りる算段をした。〝長〟については、すでに〝長病〟ということばを使って、その危険性について書いた。世間には〝長〟につきたがる人が少なくないが、そこには、たぶんに自己顕示的な要素がふくまれている。たしかになかには〝長〟としての力量があって、しかも名誉心がまつわりついておらず、私も敬服している人びとがいるが、私にはその力量がないことを自覚している。私の算段はおおかた成功して、つぎつぎと〝長〟から降りることができ、いまはまさにさばさばしている。だが、そのことによって多少は迷惑をかけている人がいるので、その部分についてはなんらかのかたちでその人を援助する努力はしている。

〝叱らない〟〝しつけない〟をわめく

私が〝還暦〟以後にわめいてきた教育上の問題として、第一に〝叱らない〟教育がある。この提案は三十余年におよんでいるが、〝余生〟になってからはわめき方が一段と強くなった。これらは、私の幼児体験と結びついていて、すでに書いたように、私の母はほとんど子どもを叱ることのない女性であり、母の父（私の祖父）もまったく叱ることのない敬虔《けいけん》な仏教信者であった。父は怒鳴ることが多かったので、父を否定する気持ちが、〝叱らない〟親になろうという思いに拍車をかけた。私は三人の子どもをほとんど叱らずに育てたし、八人の孫にたいしてはまったく叱ったことがない。菓子や玩具や金銭などで孫を釣るようなことをしなくても、「おじいちゃん、おじいちゃん」と慕ってくれる。慕われることはこのうえないしあわせにつながる。

第二は〝しつけ無用論〟である。五年まえから、私は、〝しつけをやめよう〟を提案しはじめた。若い友人の大場牧夫君は、「また爆弾的宣言ですね」といって高らかに笑った。彼はすぐれた男性保育者であり、私のこのうえもない論敵である。このうえもない論敵とは、どんなに激論しても、あとがさわやかな相手という意味である。彼が高らかに笑ったのは、二十年まえのことになるが、幼児教育界がカリキュラムの作成に夢中になっていたのにたいして、私が〝ノー・カリキュラム論〟をつきつけてわめいたり、〝自由保育〟を主張してきたりしたことが、今日ようやく受けいれられるようになったからである。彼は私をからかっている面もあるが、私には讃辞の意味として受けとめることができた。

私が〝しつけ無用論〟をわめきはじめたのは、しつけには一定の鋳型に子どもをはめこむ教育が多く、子どもの自発性や創造性の発達を阻害しているからであり、しつけの内容が封建時代（タテ社会）や軍国主義の時代のものであることがひじょうに多いからである。

しかも、しつけ論者には、体罰を肯定するものが多い。私は、体罰にはぜったいに反対の立場をとっており、体罰は権力的で体力のある大人が弱い子どもにたいする暴力であると定義している。〝愛の鞭〟などということばがあるが、愛は暖かくおおらかなものであり、愛情の豊かなものは、それを理由に暴力をふるうことはぜったいにないと信じているからである。

「おじいちゃん」とみんなから呼ばれるようになって、私がいっそう強く意識したのは、人間としての〝自由〟をきちっと守ることであるが、このことは幼い子どもも また無意識に希求していることである。自由への希求は、子どもの場合には、それが妨げられたときには不快を感じて、激しく泣くことに表現されている。ところが、親や教師は自分の都合によって、あるいは生活習慣の自立という名目によって、あるいは社会的な適応とか道徳とかをもちだすことによって、子どもの〝自由〟を拘束しようとしている。しかし、その拘束を受けた子どもは意欲的に活動できなくなり、自発性・創造性を発揮することもできなくなるのだ。それが〝しつけ無用論〟に結びついている。

その点で老人は、自分からすすんで〝自由〟を手にいれて、生きいきとした老後の生活を送ることができる。〝自由〟が保障されていれば、創造的な活動も実現可能となる。それは画家などの芸術家が、年をとっても生きいきと創作活動をしていることに現われている。

たまたま今日、テレビでカラヤンの指揮するオーケストラを視聴して、八十歳をすぎた彼がブラームスの作品を一時間あまりも指揮し、まったく一糸乱れなかったのには啓発された。彼は音楽の分野では天才であるが、指揮という体力を用いる活動にあれだけの情熱をこめているのは、まさに精神力である。私にも精神力があれば、私なりの分野でカラヤンのような活動が実現できるかもしれないという思いに駆られたのである。

とくにブラームスの「レクイエム」は、キリスト教のなかでの〝死〟との対決をあつかったものといえる。カラヤンの指揮を見ていると、まさに彼自身が〝死〟と対決しているのではないかとさえ、私には感ぜられた。〝死〟との対決が、〝生〟を最高のものに高めると思われる。私の「翁童論」においては、〝死〟はまさに貴重な人間の現象であり、それは〝生〟を受けたときから約束されているのであって、進んで受けいれなければならないことである。

〝いたずらとおどけ・ふざけ〟が輝きでる

私が本書において願ったのは、〝死〟にいたるまでの一生涯を通じて〝童心〟をもちつづけることの重要性をはっきりさせることである。〝童心〟を失わない一生涯を送ろう——という叫びである。

では、大人になる——とはどういうことなのであろうか。わが国では、二十歳になると成人式が行なわれているが、二十歳になれば、大人といえるだろうか。大人について広辞苑を引いてみると、「十分に成長した人」「子供がだだをこねたりせず、おとなしいさま」とあり、はなはだ漠然としている。学会においても、子どもと大人の限界を何歳にするかについて議論されたことがあるが、今日まではっきりと定義されていない。からだの面ではいちおう定義ができても、人格面になるとますます〝十分に成長している〟かどうかの判定はむずかしくなる。成人式を終えて結婚し、〝お父さん〟〝お母さん〟と呼ばれる立場に立ったとしても、人格的に〝十分に成長している〟かどうかという判定は、どのように行なわれるのだろうか。

最近は、未成熟な親がふえているといわれているが、それは何を意味しているのであろうか。〝童心〟とはどのようなかかわりがあるのであろうか。未成熟な人格とは、自発性の発達がおくれているために意欲が乏しかったり、情緒の発達がおくれているために思いやりが少なかったりする状態であるが、〝童心〟とは、すでに述べたように、純真な心であり、純真とは「けがれのないこと」「邪念や私欲のないこと」（広辞苑）であるから、未成熟な人格とはまったく異質なものと考えてよいだろう。

幼い子どもが純真であることは、多くの大人たちが認めており、子どもの年齢が低ければ低いほどけがれがないといえる。私は、子どもの人格形成について研究し、けがれのない心の表現として、〝いたずらやおどけ・ふざけ〟（探索心とユーモアのセンス）と〝反抗やけんか〟（自己主張と意欲）を重要なものであると主張してきた。しかし、これらは大人たちから、〝教育〟や〝しつけ〟という名目によって圧力を加えられることが多い。その結果、子どもは社会的に適応しているように見える大人になっていきはするけれども、〝童心〟はだんだんと失われ、邪念が多くなり、私欲がふくらんでくる。

なかには大人になっても〝童心〟をもちつづけている人がいるが、そのような人は他人からの圧力が少なくなって、〝自由〟な状況が与えられる老年期において、〝童心〟が輝きでてくる。つまり、老いてもなお、〝いたずら〟が好きであり、それが〝ユーモア〟や〝冗談〟と結びつき、言動を通じて他人を楽しませるとともに、自分もまた楽しいという生活を展開する。とくに〝ユーモア〟のセンスの真髄は、意識的に他人を笑わせるようなものではなく、その人のそれとない言動が他人の心を楽しくするところにあり、〝愛〟に通ずるとさえいわれている。

〝ユーモア〟からみると、一段低い状態は〝冗談〟(joke)であり、これは〝ユーモア〟とちがい、他人を楽しくさせ、それによって自分も楽しもうとする意図をもっているけれども、その人によって楽しい雰囲気がつくりだされるところに重要な意味がある。

子どもの場合、出生後一、二か月たつと、すでに〝微笑〟(smiling)が現われてくるが、その〝微笑〟は生まれつき備わっているものであり、そのかわいさは大人を引きつけずにはおかない。それが意識的でないだけにそれとない表現といえる。さらに誕生日前後になると、大人が喜ぶような顔や動作をしておどけて見せる。それを見た大人たちは、その純真な表情や行動に感動する。

そうした純真さを失わせないように子育てをすることが育児の本命であり、私は、国学でいわれているように「七歳までは神の子」と考えて、現在、あれこれといわれているようなこざかしい教育やしつけをしないことこそが重要であると主張しているのだ。

一方、年寄りとしては、せっかく〝自由〟になれて〝気がね〟をしないでもよい生活ができるようになったのであるから、すでに〝童心〟を失ったように見える老人でも、本来、人間に備わっている純真な心、すなわち〝童心〟を取りもどす努力をすることによって、楽しい生活が展開できると考える。

〝反抗とけんか〟は張りを育てる

老人にも〝反抗〟や〝けんか〟が必要である。長い人生のなかで、老人はさまざまな世の中の矛盾に出会ったり、平和をかき乱すようなできごとを経験しているはずである。

昨日も、「第三回・国連軍縮特別総会にむけて行動する会」から書類が送られてきた。それは、核兵器の非合法化、海洋INF全廃、トマホーク艦の日本母港化拒否を求めての運動である。この運動は、世界の平和をおびやかすような核兵器の廃絶を願ってのことであり、当然、反対の意向を表明する気持ちにかられる。これは、世界的な規模で生じている社会悪にたいする〝反抗〟といえる。この運動がどのように展開されるか予想がつかず、もしデモなどが行なわれれば私の体力がおよばないので、行動についてはきめかねているが、署名とか醵《きょ》金とかであれば、私にも参加が可能である。

また、現在の学校の荒廃には目にあまるものがあり、その体制のたてなおしをなんとか実現しなければならない。そんな気持ちから、歯に衣《きぬ》を着せずに書いたものに、

『子どもに〝まかせる〟教育』と『やる気と自学を育てる教育』(いずれも明治図書)があるが、前者についてはさっそく教師から非難の手紙が寄せられた。そうした教師は、現状に甘んじており、自分の手で荒廃した教育をたてなおそうという気力のない現状維持の人である。そうした気力のない教師の多いことが、荒廃に拍車をかけているのに、彼らは私にたいする非難によって自己弁護している。この二つの本は、そうした教師に警告を発する気持ちで書いたものであり、まさに反抗的といえる。

さらに国際的な仕事として、私は「SOS子どもの村」を日本に建設するために、この三年間、努力をかさねてきた。本部はオーストリアにあり、グマイナー博士が創立した理想的な養護施設である。現在、世界で約九十か国が参加しており、約二百二十の施設があるが、日本は八十七番目に参加して、支部をおくことができた。

これは、厚生省からお金をもらわないから、まさにヒモつきでない経営ができる。厚生省からお金をもらうと、どうしてもヒモつきとなり、いますぐに、ある子どもたちのためにお金を使うのが、その子どもたちのしあわせに通ずるということがわかっていても、それができない。この施設で「お母さん」と呼ばれている寮母は、一生独身で、子どもたちにたいして献身する覚悟をもっており、その寮母に一か月の経費を渡して、どうか子どもたちのためによいことであれば自由に使ってください——という制度になっている。そうした考え方のもとではじめて子どもたちにたいして暖かみのある家庭的な所遇をすることができる。

私の気持ちのなかには、厚生省のこれまでの考え方ややり方にたいする反抗心がある。お役所仕事はだめだ――という気持ちである。

このように、いずれも私が、子どもと〝体当たり〟するなかで、子どものしあわせを願う私の、現状への〝反抗心〟の現われといえよう。

〝けんか〟については、すでに大場牧夫君との保育にかんする〝論争〟について述べたが、〝思いやり〟の研究では広島大学の祐宗省三君という相手がいる。

われわれの研究は子どもに〝体当たり〟する自然観察法を用いており、そのさいの観察者の直観をたいせつにしているが、祐宗君の研究は行動理論にもとづいた実験であり、一見、客観的に見えるが、子どもに〝体当たり〟をしていない点で、われわれからみると、子どもから遊離している。それは、理論が先行しており、その点でも問題があるが、さらにアメリカで行なわれている研究の模倣でもある。アメリカは文化的・社会的な背景が日本とは異なっているので、その研究方法を模倣することは大きな問題である。そうした点で彼とまっこうから衝突し、論争してきた。

しかし、彼とどんなに〝けんか〟をしても後味はいい。それは彼のおおらかな人格による。ことし（一九八八年）は広島で学会があったので、私は彼になぐりこみをかける意味で、「思いやりの精神構造とその発達過程について――思いやりの行動に対する観察法と行動項目」という演題をだした。いずれにしてもよい論敵がいることはじつに張りあいがあり、われわれの研究にとっても、学問の進歩のためにもよいことである。

以上、子どもと老人の関係について、「翁童論」を実証する意味で、〝いたずらとおどけ・ふざけ〟および〝反抗とけんか〟をあげて論じてきたが、読者はこの論旨についてどのように考えるか、また、どのように反論するであろうか。

孫たちに学び、〝童心〟をとりもどそう

さらに私は、いろいろな機会に、「ひらめをやっつけろ」とけしかけている。学生にたいする講義のなかでも、どんどん私に反論してほしいと要請している。これは西ドイツに留学しているときに、ドイツの大学教授のあいだに伝統としてある〝教授に反抗する弟子をひじょうにかわいがる〟ということの重要性を認識したからにほかならない。そうした弟子をもってこそ、学問は進歩するからである。

そのほか、三つの研究グループにたいして〝しつけ無用論〟をつきつけて反論を促している。私がこの論をつきつけたとき、いずれのグループの連中も驚いた顔をした。それは、〝しつけ〟は当然すべきであると固定的に考えていたからである。そして、みながいろいろと意見をだしてきた。そのなかには傾聴すべき意見もあったが、多くは私によって粉砕されている。

〝しつけ無用論〟の根拠は、すでに述べたように、〝しつけ〟が一定の鋳型に子どもたちをはめこむ教育である以上、子どもたちの自発性や創造性に圧力を加え、それらの発達を阻止してしまうこと、しかも、〝しつけ〟の内容を一つひとつ検討してみると、封建時代の考え方にもとづくものや軍国主義によるものが少なくないことにある。それが教育の民主化をおくらせており、子どもたちを不幸におとしいれているのである。

さらに私が強調していることは、すなおな子どもは危険性を内蔵している――ということである。わが国の親たちの七割までがすなおな子どもを望んでいるのであるから、このような私の提案には、驚いたり、不満をもったりするものが少なくない。それは、封建時代に強調された「親の言うことは、なんでもハイといって聞け」という意識が、今日もなお多くの人びとに残っているからである。

すでに欧米の児童心理学では二つの〝反抗期〟を発達期のなかに設定し、それが人格形成にとって重要であるとされているし、また、貧弱な人格の持ち主が親になっているとしたら、その人の言うことを聞いていたのではロクデナシになってしまう。反抗する子どもが〝よい子〟であるにもかかわらず、〝悪い子〟として叱ったり、たたいたりしている親や教師が、日本にはなんと多いことか。欧米では、「イヤだ！（No!）」ということをふくめて自己主張することを、親たちが子どもに求めている点で、わが国と対照的である。

わが国では、子どもはすなおに育つことを求められ、老人は古い考え方に固執して自己主張する――という傾向があるため、老人によっていろいろな面での進歩がおくれるという状況が、とくに地方にいけばいくほど強い。それは、利己的な意識が強いからであり、自発性にもとづく自己主張とは異質なものである。

私は、「老いては子にしたがえ」ということばをたいせつにしているし、「孫たちから学べ」といいたいし、それによって〝童心〟をとりもどせ――と叫びたい。私自身、〝老年反抗期〟を設定すべきであると考えている。

老年期にも発達がある

老年期は、〝死〟を迎える準備期にあたる。〝死〟に向けて輝いた老年期にするためにどのようにしたらよいかについて、「翁童論」の思想を基盤に、幼いころの人格形成とその状態との関係を、自分史を中心に考えてきた。自分史は一例にすぎないし、主観に傾き、客観性に乏しいという批判を浴びるであろう。

研究に科学性を与えるために、老年期に生きいきと生活を展開し、〝死〟を恐れていない人たちの子ども時代がどのようであったかについて詳細に聴取することも一つの方法であるが、子ども時代を生きいきと生活していたものについて、その生涯を追跡してみる方法がもっとも重要である。しかし、後者は長い年月を必要とするから実現がむずかしい。そこで、私としては前者を採用して、こんごの研究に役立ててもらう意味で、研究のうえで問題となる項目をあげて論じてきた。

私は、来年は古稀を迎える。若いころは、人生を太く短く——と願っていたが、実際は細く長い人生になってきたというべきであろう。平均寿命からいえば、あと五、六年ということになるが、平均値を信用していない私は、五、六年という歳月を頭において、そのあいだにどのような整理をしておこうかなどと考えたことがない。むしろ、いつ死んでもよいように、これまでに積みかさねてきた研究の整理をしておきたいと思っている。それは五、六年あってもたりないほどの量があるし、整理をしているうちに新しい研究課題がつぎつぎとわいてくるから、研究意欲からすれば、際限がない。

そのほか、研究グループが三つもあり、それぞれが七〜十人で構成されている。どれも研究がだんだん佳境にはいってきていて楽しく、その進展のために意欲的である。さらに『保育研究』という季刊誌も、わが国の幼児教育界にたいして新しいアイデアを提供するという意味があるので、編集には意欲的にかかわっている。さらに秋田県の鳥海町の子どもたちの保健・福祉・教育のための研究と町政への援助は、命《いのち》のあるかぎりつづくであろう。

このように山積みしている仕事をまえにして、私欲がないとはいえないが、むしろ、仕事自体に生きがいを感じているし、後進の指導が楽しい。それは、後進が意欲的に研究を受けついでくれているからである。それらを達成するために長く生きたいという気持ちがあるけれど、死への恐れはない。願わくば、周囲のものに迷惑をかけずに死にたいし、死んだときには祝福してもらいたい。

こんごも、生きているかぎり、病気をしないかぎり、朝は五時前後に起床して、夜は十二時前後に床に就くという日課はつづき、自分なりに充実した毎日を送ることになろう。目がさめると、「ようし、きょうも一日がんばろう！」という気持ちになり、眠りにつくときには「きょうも、やった！」という満足感がみなぎるであろう。

このような充実した生活は、〝自由〟が与えられた子どもの心に共通しているといえる。私にとって研究は〝遊び〟に等しいから、それも子どもと共通している。さらに子ども時代に〝遊び〟を堪能し、充実した日々を送ったことが、そのまま私の人生の基盤となり、老年期にはいってからも意欲的な生活をおくることに影響をおよぼしていることが思いかえされるのである。

それゆえに、孫たちが〝遊び〟に熱中している姿をながめていることが楽しく、八人も集まると、その〝遊び〟は嵐のような状態になるが、私の心は躍動しているのである。私自身も〝遊び〟に参加したいのだが、残念ながら、孫たちの激しい活動に加わることは、もはや私のからだが許さない。しかし、心の躍動を感じながら、私の子ども時代を追想する楽しさもある。そして、孫たちにたいして、どのような人生を選ぶにしても、生きいきとした日々を送ってほしいし、やがて老人になったときにも、その状態をつづけてほしいと祈る気持ちである。

「翁童論」に触発されて、〝老年期発達論〟を自分史的に考えてみた。老年期における発達は〝童心〟にささえられていると思われる。若い研究者によってそれを科学的に証明してほしいと願いながら、結びのことばを終える。

最後に、この〝老年期発達論〟のもとになった原稿（『ひと』に連載）を読んだ秋田県鳥海町の梶原祥吉翁が、陶淵明の詩「挽歌詩」を送ってくださったので、その「自祭文」の一節で本書の結びを飾りたい（旧字は新字になおした）。

向来相送人　ここまでは野辺おくりしてくれた人も
各自還其家　各自その家に帰っていく
親戚或餘悲　親戚は、あるいは悲しみを残しているかもしれないが
他人亦已歌　他人はすでに歌っている
死去何所道　死んでしまえば、どこに行くところがあろうか
託体同山阿　体をあずけて山かげにくちよう

子ども期と老年期

●自伝的老人発達論

一九八八年六月二十日印刷
一九八八年六月二十四日初版発行

著者……平井信義
装幀者……平野甲賀
発行者……友兼清治
発行所……株式会社太郎次郎社
東京都文京区本郷五-三二-七 郵便番号一一三
電話〇三-八一五-〇六〇五 振替東京五-一三七八四五
印字……福田工芸株式会社〈本文〉＋一厳写植〈見出し類〉
印刷……株式会社平河工業社
製本……ナショナル製本協同組合
定価……カバーに表示してあります。

［著者紹介］
平井信義（ひらい・のぶよし）
一九一九年（大8）、東京に生まれる。東京大学文学部・東北大学医学部を卒業し、母子愛育会愛育研究所員、お茶の水女子大学教授を経て、現在、大妻女子大学教授。幼児教育の研究と同時に、さまざまな問題を抱え、子育てに悩むお母さんがたの相談相手になっている。

本書はプリント・オン・デマンド版です。
一部奥付に記載されている情報と異なる場合がございます。

連絡先：株式会社　三省堂書店　オンデマンド担当
メールアドレス：ssdondemand@mail.books-sanseido.co.jp

この作品は、ブックスオンデマンド方式で出版したものです。
造本には十分注意しておりますが、乱丁・落丁があった場合は、
上記メールアドレスもしくはご購入いただいた店舗にご連絡ください。